これからのお金について考えよう

ライフプランを立てると、いつごろいくらくらい必要か貯蓄□
自分が貯めたいお金を整理して、月々の目標貯□

大きなお金が必□

☐ **いざというときのお金**
最初に貯めたいお金。生活費の3〜6カ月分は最低でも準備。

☐ **結婚資金**
婚約から新婚旅行までの合計額の平均は約460万円。
出典：「ゼクシィ結婚トレンド調査2017」リクルートブライダル総研

☐ **子どもの教育資金**
幼稚園から大学まですべて公立でも800万円くらい必要。
私立ならもっとかかる。
出典：文部科学省「平成28年度子供の学習費調査」ほか

☐ **住宅購入の頭金**
物件価格の1〜2割程度を準備。3000万円なら300万〜600万円貯める。

☐ **老後資金**
2人以上世帯で世帯主が60〜69歳の平均貯蓄額は、2382万円。
出典：総務省「家計調査報告」（平成29年）

☐ **その他の必要資金**
車の購入費、出産費用、住宅のリフォーム費用など、
自分の状況に応じて蓄えておく。

これから
貯めたいお金は
何年でいくらかな？

月々の目標貯蓄額を出してみよう

例 5年で200万円貯める場合
200万円÷5年÷12カ月＝3万3333円／月　　※金利は考慮しないものとする。

☐ 万円÷ ☐ 年÷12カ月＝ ☐ 円

「お金管理ノート」を使いこなそう

**お金は貯めて使うもの。このノートなら、Plan（計画）→Do（実行）→Check（評価）
→Action（改善）を繰り返すPDCAサイクルで無理なく貯蓄することができます。**

 お金を上手に活用するPDCAサイクル

PDCAサイクルを実行するにはまず、ライフプランを立てることから始めます。それに合わせて貯蓄をし、
貯まり方が足りない場合は貯め方を見直して、PDCAサイクルを軌道にのせましょう。

Plan
ライフプランの計画・見直し

結婚は？　子どもは？　マイホームは？……。
これからの人生をイメージしてみましょう。い
ざというときのお金と老後資金は誰でも貯める
必要があります。

➡ P.005〜007へ

Action
問題の改善

原因がわかったら、無駄な出費を減らすなど対
策を練りましょう。ただし、到底実行できない
対策では意味がありません。現状に合わせて、
貯蓄目標の見直しや、予算の変更を。

➡ P.008へ

Do
お金を稼ぐ・使う・貯める

生活のために使うお金とのバランスを考えて、
毎年の貯蓄額を決めます（P.006）。給与から天
引きできる財形貯蓄や、銀行の積立定期預金を
活用するといいでしょう。

➡ P.008へ

Check
定期的なチェック

プランどおりに貯蓄ができているか、預金通帳
やWEB明細でこまめにチェックしましょう。最
低でも半年か1年に1回は残高を確認し、貯めら
れていないようなら原因を探る努力を。

➡ P.009へ

PDCAサイクルを
実現！

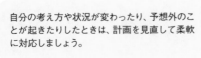

自分の考え方や状況が変わったり、予想外のこ
とが起きたりしたときは、計画を見直して柔軟
に対応しましょう。

マネープランを段階的に立てる

先々までの見通しを立て、今、貯蓄のためにやるべきこと、できることを考えましょう。

① これからの人生の大きな出費は？

人生プランは人それぞれですが、急に準備できる金額ではありません。「自分に必要？」「いくら必要？」を整理しておきましょう。

→ P.003へ

② 今後10年の出費の見通しは？

家族が増えたり、マイホームを建てたり……、あらかじめライフイベントとそれに伴うマネープランを立てておけば、あわてずに済みます。

→ P.007へ

③ 年間の「いつ？」「いくら？」

家族の誕生日が重なるなど、どうしても出費がかさむ月もあるでしょう。心構えができていると、メリハリのある使い方ができるはず。

→ P.016、181へ

④ 今月の予算は？

決まって出るお金を収入から引くと、今月はいくら使えるのか？ さまざまな出費を限られた収入でやりくりするために計画を立てましょう。

→ P.017などへ

月と日付はご自身で書きこんでください。

月によって柔軟に見直そう！

月 MON	火 TUE	水 WED	木 THU	金 FRI	土 SAT	日 SUN

欄が足りない場合は第1週目の空欄を使うなど臨機応変に活用してください。

収入 Ⓐ

給与	
臨時収入	
合計	円

Ⓐ － Ⓑ・Ⓒ・Ⓓ
今月の予算（流動費）Ⓔ

＝ 　　　　円

決まって出るお金（固定費）Ⓑ

電気	
ガス	
水道	
ローン（家賃）	
通信費	
こづかい	
小計	円

特別支出 Ⓒ

小計	円

預貯金 Ⓓ

預け先	金額
小計	円

point
💡 銀行を上手に活用するには、種類別の特徴を知ったうえで、普段使い用と貯蓄用で使い分けるのがおすすめです。017

給与のほかに、フリマサイトや販売サイトでの売り上げなどの臨時収入も記入します。この段階での臨時収入は売り上げ目標といえるかもしれません。

電気やガスなど、月によって金額に変動があるものはだいたいの金額で予算をとっておきます。

「予算に収まったら貯金する」ではなかなか貯まりません。預貯金も決まって出るお金の一つと考え、先取りしておきましょう。

Plan ## 今の支出バランスを書いてみよう

現状と理想の支出バランスを書き出すのは支出を客観的に見るチャンス。現実と理想があまりに
かけ離れているときは、突出している支出がないか、無意識に使っている支出がないかなど、理由
を分析してみましょう。

費目			現状	理想
住居費	年額	円	%	%
通信・光熱費	年額	円	%	%
食費	年額	円	%	%
娯楽費	年額	円	%	%
教育費	年額	円	%	%
保険料	年額	円	%	%
保健医療費	年額	円	%	%

費目				現状	理想
その他	被服費	年額	円	%	%
	日用雑貨費	年額	円	%	%
	車関連費	年額	円	%	%
	上記以外	年額	円	%	%
支出合計		年額	円	%	%

※%は各費目÷手取り収入で算出します。

貯蓄	年額	円	%

\ ちなみに /

● ライフステージによる平均的支出バランスの例

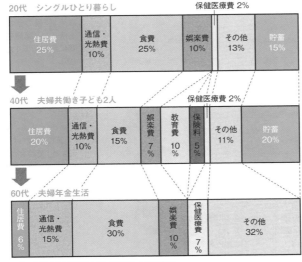

20代　シングルひとり暮らし
保健医療費 2%
| 住居費 25% | 通信・光熱費 10% | 食費 25% | 娯楽費 10% | その他 13% | 貯蓄 15% |

40代　夫婦共働き子ども2人
保健医療費 2%
| 住居費 20% | 通信・光熱費 10% | 食費 15% | 娯楽費 7% | 教育費 10% | 保険料 5% | その他 11% | 貯蓄 20% |

60代　夫婦年金生活
| 住居費 6% | 通信・光熱費 15% | 食費 30% | 娯楽費 10% | 保健医療費 7% | その他 32% |

自己分析をして
現状に合った
貯蓄をしよう

出典：総務省「家計調査」（平成29年）を元に算出

lan　これから10年のライフプランを書こう

何のためにお金を貯めるのかをはっきりさせておきましょう。この表でいつまでにいくら必要か予測を立て、今後の貯蓄プランに役立ててください。

年	家族の名前					ライフイベント 例 小学校入学(4月) 家族旅行(8月) 古希お祝い(9月)	マネープラン 例 学資保険(年払い) 24万円 自動車税 5万円 マイホーム頭金 年100万円
1年後 20___年	歳	歳	歳	歳	歳		
20___年	歳	歳	歳	歳	歳		
20___年	歳	歳	歳	歳	歳		
20___年	歳	歳	歳	歳	歳		
5年後 20___年	歳	歳	歳	歳	歳		
20___年	歳	歳	歳	歳	歳		
20___年	歳	歳	歳	歳	歳		
20___年	歳	歳	歳	歳	歳		
20___年	歳	歳	歳	歳	歳		
10年後 20___年	歳	歳	歳	歳	歳		

毎月の稼ぐ・使う・貯めるを管理

月初めに立てた予算を意識しながら、こまめに出費をコントロールしましょう。

月	(月)	(日)	(水)	(木)	(金)	(土)	(日)
出費に かかわる予定							
食費							
外食・中食							
日用雑貨費							
被服・美容費							
娯楽・交際費							
交通費							
車関係費							
MEMO							

友人とのランチ、結婚式に出席など出費にかかわる予定がわかっていれば記入しておきましょう。出費後の記入モレも防ぐことができます。

日付はご自身で書きこんでください。

左には店名やアイテム名を、右には金額を記入。出費が食費と日用品など費目をまたぐ場合は、大まかな割合で記入するなど自分がわかりやすいやり方でOKです。クレジットカードなどキャッシュレス決済した場合は、使ったときに記入を。

point 都市銀行は幅広いサービスを持ち、地方銀行は地域密着サービスを提

特売日やポイントの活用など出費にかかわることはもちろん、食事の内容や体重の記録など、ちょっとした日記代わりに使うのもおすすめです。

自分の生活の中で占める割合が多い出費について、新たに費目を立てるのもいいでしょう。たとえばフィットネスにかかわる費用はウエア代、ジム代などすべてここにまとめます。

勉強するというほどではないけれど、知っておくとちょっといいお金の情報を紹介しています。

※記載の内容（とくに条件や期間などの数字など）は変更や改定がある場合があります。あらかじめご了承ください。

自分に合った費目分けでいいんだね

 現状に合わせて対策を

一年のうちでも、貯めやすい月、貯めにくい月というのがあるでしょう。苦しいときには年間を通じて貯蓄目標を達成できればいいと切り替えて、ときにはご褒美も。モチベーションを上げ、毎月少しでも貯蓄できるように工夫をしましょう。

負担にならないペースで
続けることが大事だよ

費目ごとの合計

食費

| 円 |

外食・中食

| 円 |

日用雑貨費 | 円 |

被服・美容費 | 円 |

娯楽・交際費 | 円 |

交通費 | 円 |

車関係費 | 円 |

| 円 |
| 円 |
| 円 |
| 円 |
| 円 |
| 円 |

今週の合計 ⓐ

| 円 |

これまでの合計 ⓐ

| 円 |

今月あと ⓔ−ⓐ

| 円 |

特徴。居住環境で使い分けて。 019

毎日の小計が面倒な場合は
ここだけでも押さえましょう。
2週目以降はそれまでの合計
と合わせ、今月はあといくら
使える？ を週ごとに把握
することができます。

1カ月につき5週分の
記入欄を用意してい
ます。足りない場合
は月の最初の項目を
使うなど臨機応変に
活用してください。

ⓒheck 今月のまとめで収支を把握

月の初めに出した予算を転記もしくは修正して記入し
ましょう。収支がゼロであれば目標達成。差額が出た
ときのふり返りも大切です。

目標達成したか、しなかったかにかかわらず、今月の
ふり返りをしましょう。原因を探ることが大切です。

臨時収入や、逆
に目減りした分
があれば差し引
いて、入ってき
たお金を再度記
入します。

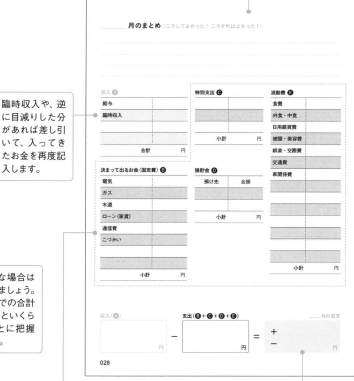

____月のまとめ（こうしてよかった！こうすればよかった！）

収入 Ⓐ

給与	
臨時収入	
合計	円

決まって出るお金（固定費）Ⓑ

電気	
ガス	
水道	
ローン（家賃）	
通信費	
こづかい	
小計	円

特別支出 Ⓒ

| | |
| 小計 | 円 |

預貯金 Ⓓ

| 預け先 | 金額 |
| 小計 | 円 |

流動費 Ⓔ

食費	
外食・中食	
日用雑貨費	
被服・美容費	
娯楽・交際費	
交通費	
車関係費	
小計	円

| 収入（Ⓐ） | − | 支出（Ⓑ+Ⓒ+Ⓓ+Ⓔ） | = | ____月の収支 |
| 円 | | 円 | | +／− 円 |

028

出費を決まって出るお金、特別支出、預貯金、
流動費に分け、それぞれで小計を出します。
保険料など銀行口座からの自動引き落としな
どがモレていないか再度チェックしましょう。

収入から支出を引いて、今月の収支を
確認します。±0で目標達成。プラスで
あればさらに貯蓄ができたとわかります。

資産・負債状況を確認しよう

毎月の記録を始める前に、現状の資産を"棚卸し"しましょう。例を参考に、試算と負債を書き出します。
1年に一度、半年に一度など自分のタイミングで見直してもよいでしょう。

【記入例】

● 資産

	項目		金額	備考
預金	わんわん銀行	東京支店	¥920,000	普通預金
	わんわん銀行	東京支店	¥2,300,702	定期（2015年4月～）
	銀行	支店		
	銀行	支店		
	銀行	支店		
プリペイド	PESMO		¥5,200	
	BayBay		¥12,220	プリペイドカードだけでなく、スマホアプリの残高も一度確認してみましょう。
ポイント	らくちんポイント		3,240	
	TTポイント		1,280	
	JAMマイレージ		98,000	
投資	にゃんにゃん証券・銀行		¥330,430	2021年12月28日の時価総額
	証券・銀行			詳しい投資の記録は、P.176～の表を活用すると◎！
	証券・銀行			
	証券・銀行			
保険・財形	ぴょんぴょん生命		¥645,000	つみたて学資保険
	財形（わんわん銀行）		¥460,000	財形奨励金含む
その他	現金		¥300,000	自宅保管
	合計		¥4,776,072	

● 負債

ローン	よぞら銀行	新宿支店	¥-35,982,500	住宅ローン　2022年は金利0.82%
	四菱銀行	四谷支店	¥-670,000	マイカーローン　金利1.7%
その他				
	合計		¥-36,652,500	

| 年 | 月 | 日 | **の資産・負債状況** |

● **資産**

項目			金額	備考
預金	銀行	支店		
	銀行	支店		
	銀行	支店		
	銀行	支店		
	銀行	支店		
プリペイド				
ポイント				
投資		証券・銀行		
		証券・銀行		
		証券・銀行		
		証券・銀行		
保険・財形				
その他				
		合計		

● **負債**

ローン	銀行	支店		
	銀行	支店		
その他				
		合計		

| | | 年 | 月 | 日 | **の資産・負債状況** |

● 資産

<table>
<tr><th colspan="2">項目</th><th>金額</th><th>備考</th></tr>
<tr><td rowspan="5">預金</td><td>銀行　　支店</td><td></td><td></td></tr>
<tr><td>銀行　　支店</td><td></td><td></td></tr>
<tr><td>銀行　　支店</td><td></td><td></td></tr>
<tr><td>銀行　　支店</td><td></td><td></td></tr>
<tr><td>銀行　　支店</td><td></td><td></td></tr>
<tr><td rowspan="3">プリペイド</td><td></td><td></td><td></td></tr>
<tr><td></td><td></td><td></td></tr>
<tr><td></td><td></td><td></td></tr>
<tr><td rowspan="3">ポイント</td><td></td><td></td><td></td></tr>
<tr><td></td><td></td><td></td></tr>
<tr><td></td><td></td><td></td></tr>
<tr><td rowspan="4">投資</td><td>証券・銀行</td><td></td><td></td></tr>
<tr><td>証券・銀行</td><td></td><td></td></tr>
<tr><td>証券・銀行</td><td></td><td></td></tr>
<tr><td>証券・銀行</td><td></td><td></td></tr>
<tr><td rowspan="3">保険・財形</td><td></td><td></td><td></td></tr>
<tr><td></td><td></td><td></td></tr>
<tr><td></td><td></td><td></td></tr>
<tr><td rowspan="3">その他</td><td></td><td></td><td></td></tr>
<tr><td></td><td></td><td></td></tr>
<tr><td></td><td></td><td></td></tr>
<tr><td colspan="2">合計</td><td></td><td></td></tr>
</table>

● 負債

<table>
<tr><td rowspan="4">ローン</td><td>銀行　　支店</td><td></td><td></td></tr>
<tr><td>銀行　　支店</td><td></td><td></td></tr>
<tr><td></td><td></td><td></td></tr>
<tr><td></td><td></td><td></td></tr>
<tr><td rowspan="2">その他</td><td></td><td></td><td></td></tr>
<tr><td></td><td></td><td></td></tr>
<tr><td colspan="2">合計</td><td></td><td></td></tr>
</table>

家族の資産も整理しよう

配偶者や子どものための貯金なども年に一度は整理するとよいでしょう。
可能ならば親の資産整理も行ってみて。

● **家族別の資産**

(   ) ← 家族の名前を書きましょう。

	項目	金額	備考
預貯金			
投資			
その他			

(   )

	項目	金額	備考
預貯金			
投資			
その他			

(   )

	項目	金額	備考
預貯金			
投資			
その他			

(   )

	項目	金額	備考
預貯金			
投資			
その他			

その他の便利なページも活用しよう

家計簿をつけることは、お金と上手につきあう第一歩。さらにお金に対し日ごろから判断し、行動するために役立つページを準備しました。しっかり活用して、"金融リテラシー"を身につけましょう。

家計の傾向を
ひと目で

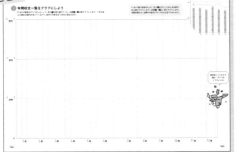

年間収支一覧グラフ

年間の収支を折れ線グラフと棒グラフで把握し、月ごとに比較できます。一年を通じた家計の傾向が見えてくるので、今後の予算立てに便利です。

変動の理由が
見えてくるかも

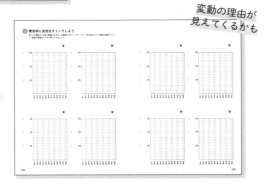

費目別支出グラフ

気になる費目や、収支に影響が大きかった費目などを折れ線グラフにしてチェック。年間の推移を見て理由を分析しましょう。

貯蓄意欲を
アップ

預貯金のこと

預貯金は年初や6月に1回、年末に1回など、一年に複数回確認し、記録しましょう。貯蓄へのモチベーションをアップ！

確定申告に向け
コツコツ準備

医療費の記録

確定申告で医療費控除をすると節税になります。一年分の医療費をまとめて提出しますが、一気にやるのは大変。日ごろから記録しておきましょう。

大きな買い物は
じっくり検討

さらにお金と
向き合う

他にもP.182からの巻末資料で
家計管理に役立つ情報をまとめ読み！

お金と
親しくなる
一年に！

年間のお金の出入りの予定を書き出そう

子どもの進学や家族旅行、記念日のプレゼントなど、1年間で計画している主なイベントと、
それにかかわるお金の出入りの予定を書き出して、把握しておきましょう。

1月	・帰省交通費　　　　　　　円 ・お年玉　　　　　　　　　円	**7月**	
2月		**8月**	
3月		**9月**	
4月		**10月**	
5月		**11月**	
6月		**12月**	

月 MON	火 TUE	水 WED	木 THU	金 FRI	土 SAT	日 SUN

収入 Ⓐ

給与	
臨時収入	
合計	円

Ⓐ-(Ⓑ+Ⓒ+Ⓓ)
今月の予算（流動費）Ⓔ

= 　　　　　円

決まって出るお金（固定費）Ⓑ

電気	
ガス	
水道	
ローン（家賃）	
通信費	
こづかい	
小計	円

特別支出 Ⓒ

小計	円

預貯金 Ⓓ

預け先	金額
小計	円

point
🔵 銀行を上手に活用するには、種類別の特徴を知ったうえで、普段使い用と貯蓄用で使い分けるのがおすすめです。017

_____ 月	_____ (月)		_____ (火)		_____ (水)		_____ (木)	
出費に かかわる予定								
食費								
外食・中食								
日用雑貨費								
被服・美容費								
娯楽・交際費								
交通費								
車関係費								
MEMO								

	_____（金）	_____（土）	_____（日）

費目ごとの合計

食費	円
外食・中食	円
日用雑貨費	円
被服・美容費	円
娯楽・交際費	円
交通費	円
車関係費	円
	円
	円
	円
	円
	円
	円
	円

今週の合計 ⓐ

円

これまでの合計 ⓐ

円

今月あと Ｅ − ⓐ

円

_____ 月	_____ (月)	_____ (火)	_____ (水)	_____ (木)
出費に かかわる予定				
食費				
外食・中食				
日用雑貨費				
被服・美容費				
娯楽・交際費				
交通費				
車関係費				
MEMO				

_____（金）	_____（土）	_____（日）

費目ごとの合計

食費

円

外食・中食

円

日用雑貨費 円

被服・美容費 円

娯楽・交際費 円

交通費 円

車関係費 円

円

円

円

円

円

円

今週の合計 ⓑ

円

これまでの合計 ⓐ＋ⓑ

円

今月あと Ｅ－（ⓐ＋ⓑ）

円

_____ 月	_____ （月）	_____ （火）	_____ （水）	_____ （木）
出費に かかわる予定				
食費				
外食・中食				
日用雑貨費				
被服・美容費				
娯楽・交際費				
交通費				
車関係費				
MEMO				

_____（金）	_____（土）	_____（日）

費目ごとの合計

食費

円

外食・中食

円

日用雑貨費

円

被服・美容費

円

娯楽・交際費

円

交通費

円

車関係費

円

円

円

円

円

円

円

円

今週の合計 ⓒ
円

これまでの合計 ⓐ＋ⓑ＋ⓒ

円

今月あと **E** －（ⓐ＋ⓑ＋ⓒ）

円

_____ 月	_____ (月)	_____ (火)	_____ (水)	_____ (木)
出費に かかわる予定				
食費				
外食・中食				
日用雑貨費				
被服・美容費				
娯楽・交際費				
交通費				
車関係費				
MEMO				

＿＿＿＿（金）	＿＿＿＿（土）	＿＿＿＿（日）

費目ごとの合計

食費

円

外食・中食

円

日用雑貨費 円

被服・美容費 円

娯楽・交際費 円

交通費 円

車関係費 円

円

円

円

円

円

円

円

今週の合計 ⓓ

円

これまでの合計 ⓐ＋ⓑ＋ⓒ＋ⓓ

円

今月あと **Ｅ**－(ⓐ＋ⓑ＋ⓒ＋ⓓ)

円

_____ 月	_____ (月)	_____ (火)	_____ (水)	_____ (木)
出費に かかわる予定				
食費				
外食・中食				
日用雑貨費				
被服・美容費				
娯楽・交際費				
交通費				
車関係費				
MEMO				

_____（金）	_____（土）	_____（日）

費目ごとの合計

食費

円

外食・中食

円

日用雑貨費　円

被服・美容費　円

娯楽・交際費　円

交通費　円

車関係費　円

円

円

円

円

円

円

円

今週の合計 ⓔ

円

これまでの合計 ⓐ＋ⓑ＋ⓒ＋ⓓ＋ⓔ

円

今月あと 🅔 － (ⓐ＋ⓑ＋ⓒ＋ⓓ＋ⓔ)

円

_____ **月のまとめ** (こうしてよかった！ こうすればよかった！)

....

....

....

収入 Ⓐ			特別支出 Ⓒ			流動費 Ⓔ	
給与						食費	
臨時収入						外食・中食	
			小計	円		日用雑貨費	
						被服・美容費	
合計	円					娯楽・交際費	
						交通費	
						車関係費	

決まって出るお金 (固定費) Ⓑ

電気	
ガス	
水道	
ローン (家賃)	
通信費	
こづかい	
小計	円

預貯金 Ⓓ

預け先	金額
小計	円

流動費 Ⓔ（続き）

小計	円

収入 (Ⓐ)	支出 (Ⓑ + Ⓒ + Ⓓ + Ⓔ)	_____ 月の収支
円	− 円	= ＋ − 円

月 MON	火 TUE	水 WED	木 THU	金 FRI	土 SAT	日 SUN

収入 Ⓐ

給与	
臨時収入	
合計	円

Ⓐ－（Ⓑ＋Ⓒ＋Ⓓ）
今月の予算（流動費）Ⓔ

＝ _____ 円

決まって出るお金（固定費）Ⓑ

電気	
ガス	
水道	
ローン（家賃）	
通信費	
こづかい	
小計	円

特別支出 Ⓒ

小計	円

預貯金 Ⓓ

預け先	金額
小計	円

point
🔜 銀行預金でお金を増やすには、普通預金、定期預金、積立定期預金の3つを上手に活用することがポイントに。

_____月	_____（月）	_____（火）	_____（水）	_____（木）
出費に かかわる予定				
食費				
外食・中食				
日用雑貨費				
被服・美容費				
娯楽・交際費				
交通費				
車関係費				
MEMO				

_____（金）	_____（土）	_____（日）

費目ごとの合計

食費		円
外食・中食		円
日用雑貨費		円
被服・美容費		円
娯楽・交際費		円
交通費		円
車関係費		円
		円
		円
		円
		円
		円
		円
		円

今週の合計 ⓐ
円

これまでの合計 ⓐ
円

今月あと Ⓔ − ⓐ
円

_____ 月	_____ (月)		_____ (火)		_____ (水)		_____ (木)	
出費に かかわる予定								
食費								
外食・中食								
日用雑貨費								
被服・美容費								
娯楽・交際費								
交通費								
車関係費								
MEMO								

_____（金）	_____（土）	_____（日）

費目ごとの合計

食費	
	円

外食・中食	
	円

日用雑貨費	円
被服・美容費	円
娯楽・交際費	円
交通費	円
車関係費	円
	円
	円
	円
	円
	円
	円
	円

今週の合計 ⓑ	
	円

これまでの合計 ⓐ＋ⓑ	
	円

今月あと **E** －（ⓐ＋ⓑ）	
	円

point
定期預金は1カ月、6カ月、1年などの期間でまとまったお金を預金。普通預金よりやや金利が高いのが特徴。

_____月	_____（月）	_____（火）	_____（水）	_____（木）
出費に かかわる予定				
食費				
外食・中食				
日用雑貨費				
被服・美容費				
娯楽・交際費				
交通費				
車関係費				
MEMO				

＿＿＿＿（金）	＿＿＿＿（土）	＿＿＿＿（日）

費目ごとの合計

食費

＿＿＿＿ 円

外食・中食

＿＿＿＿ 円

日用雑貨費 ＿＿＿＿ 円

被服・美容費 ＿＿＿＿ 円

娯楽・交際費 ＿＿＿＿ 円

交通費 ＿＿＿＿ 円

車関係費 ＿＿＿＿ 円

＿＿＿＿ 円

＿＿＿＿ 円

＿＿＿＿ 円

＿＿＿＿ 円

＿＿＿＿ 円

＿＿＿＿ 円

＿＿＿＿ 円

今週の合計 ⓒ

＿＿＿＿ 円

これまでの合計 ⓐ＋ⓑ＋ⓒ

＿＿＿＿ 円

今月あと 🅔 －（ⓐ＋ⓑ＋ⓒ）

＿＿＿＿ 円

_____月	_____（月）	_____（火）	_____（水）	_____（木）
出費に かかわる予定				
食費				
外食・中食				
日用雑貨費				
被服・美容費				
娯楽・交際費				
交通費				
車関係費				
MEMO				

_____（金）	_____（土）	_____（日）

費目ごとの合計

食費

円

外食・中食

円

日用雑貨費　円

被服・美容費　円

娯楽・交際費　円

交通費　円

車関係費　円

円

円

円

円

円

円

円

円

今週の合計 ⓓ

円

これまでの合計 ⓐ＋ⓑ＋ⓒ＋ⓓ

円

今月あと Ⓔ－（ⓐ＋ⓑ＋ⓒ＋ⓓ）

円

_____月	_____（月）		_____（火）		_____（水）		_____（木）	
出費に かかわる予定								
食費								
外食・中食								
日用雑貨費								
被服・美容費								
娯楽・交際費								
交通費								
車関係費								
MEMO								

____（金）	____（土）	____（日）

費目ごとの合計

食費

　　　　円

外食・中食

　　　　円

日用雑貨費　　　　円

被服・美容費　　　　円

娯楽・交際費　　　　円

交通費　　　　円

車関係費　　　　円

　　　　円

　　　　円

　　　　円

　　　　円

　　　　円

　　　　円

　　　　円

今週の合計 ⓔ

　　　　円

これまでの合計 ⓐ＋ⓑ＋ⓒ＋ⓓ＋ⓔ

　　　　円

今月あと 🅔－（ⓐ＋ⓑ＋ⓒ＋ⓓ＋ⓔ）

　　　　円

_____ **月のまとめ** (こうしてよかった！こうすればよかった！)

収入 Ⓐ

給与	
臨時収入	
合計	円

決まって出るお金（固定費）Ⓑ

電気	
ガス	
水道	
ローン（家賃）	
通信費	
こづかい	
小計	円

特別支出 Ⓒ

小計	円

預貯金 Ⓓ

預け先	金額
小計	円

流動費 Ⓔ

食費	
外食・中食	
日用雑貨費	
被服・美容費	
娯楽・交際費	
交通費	
車関係費	
小計	円

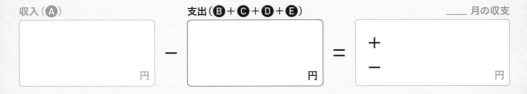

収入（Ⓐ）

[円] − 支出（Ⓑ＋Ⓒ＋Ⓓ＋Ⓔ） [円] = _____ 月の収支 [＋ − 円]

月 MON	火 TUE	水 WED	木 THU	金 FRI	土 SAT	日 SUN

収入 Ⓐ

給与	
臨時収入	
合計	円

Ⓐ－（Ⓑ＋Ⓒ＋Ⓓ）
今月の予算（流動費）Ⓔ

＝ 　　　　　円

決まって出るお金（固定費）Ⓑ

電気	
ガス	
水道	
ローン（家賃）	
通信費	
こづかい	
小計	円

特別支出 Ⓒ

小計	円

預貯金 Ⓓ

預け先	金額
小計	円

point
⤷ 普通預金で支払いを済ませ、残金を定期や積立定期で貯め、100万円以上になったら貯蓄用銀行に移し替えます。041

_____ 月	_____ （月）		_____ （火）		_____ （水）		_____ （木）
出費に かかわる予定							
食費							
外食・中食							
日用雑貨費							
被服・美容費							
娯楽・交際費							
交通費							
車関係費							
MEMO							

＿＿＿＿（金）	＿＿＿＿（土）	＿＿＿＿（日）

費目ごとの合計

食費

＿＿＿＿ 円

外食・中食

＿＿＿＿ 円

日用雑貨費 ＿＿＿＿ 円

被服・美容費 ＿＿＿＿ 円

娯楽・交際費 ＿＿＿＿ 円

交通費 ＿＿＿＿ 円

車関係費 ＿＿＿＿ 円

＿＿＿＿ 円

＿＿＿＿ 円

＿＿＿＿ 円

＿＿＿＿ 円

＿＿＿＿ 円

＿＿＿＿ 円

＿＿＿＿ 円

今週の合計 ⓐ

＿＿＿＿ 円

これまでの合計 ⓐ

＿＿＿＿ 円

今月あと Ｅ － ⓐ

＿＿＿＿ 円

point

家計簿をつけて、ある程度生活費の平均額が見えてきたら、生活費の３〜６カ月分を目標にお金を貯めましょう。 043

___ 月	___ (月)	___ (火)	___ (水)	___ (木)
出費に かかわる予定				
食費				
外食・中食				
日用雑貨費				
被服・美容費				
娯楽・交際費				
交通費				
車関係費				

MEMO

044

＿＿＿（金）	＿＿＿（土）	＿＿＿（日）

費目ごとの合計

食費

　円

外食・中食

　円

日用雑貨費　円

被服・美容費　円

娯楽・交際費　円

交通費　円

車関係費　円

　円

　円

　円

　円

　円

　円

　円

今週の合計 ⓑ

　円

これまでの合計 ⓐ＋ⓑ

　円

今月あと **E**－(ⓐ＋ⓑ)

　円

point
➔ 結婚資金は、婚約から新婚旅行までの合計額が全国平均約460万円というデータが（ご祝儀で一部相殺可能）。　045
※出典：「ゼクシィ結婚トレンド調査2017」（リクルートブライダル総研）

_____ 月	_____ (月)	_____ (火)	_____ (水)	_____ (木)
出費に かかわる予定				
食費				
外食・中食				
日用雑貨費				
被服・美容費				
娯楽・交際費				
交通費				
車関係費				
MEMO				

（金）	（土）	（日）

費目ごとの合計

食費

円

外食・中食

円

日用雑貨費　円

被服・美容費　円

娯楽・交際費　円

交通費　円

車関係費　円

円

円

円

円

円

円

円

円

今週の合計 ⓒ

円

これまでの合計 ⓐ＋ⓑ＋ⓒ

円

今月あと Ｅ－（ⓐ＋ⓑ＋ⓒ）

円

_____ 月	_____ （月）	_____ （火）	_____ （水）	_____ （木）
出費に かかわる予定				
食費				
外食・中食				
日用雑貨費				
被服・美容費				
娯楽・交際費				
交通費				
車関係費				
MEMO				

_____（金）	_____（土）	_____（日）

費目ごとの合計

食費

　円

外食・中食

　円

日用雑貨費　円

被服・美容費　円

娯楽・交際費　円

交通費　円

車関係費　円

　円

　円

　円

　円

　円

　円

　円

今週の合計 ⓓ

　円

これまでの合計 ⓐ＋ⓑ＋ⓒ＋ⓓ

　円

今月あと 🅔－（ⓐ＋ⓑ＋ⓒ＋ⓓ）

　円

_____ 月	_____ (月)	_____ (火)	_____ (水)	_____ (木)
出費に かかわる予定				
食費				
外食・中食				
日用雑貨費				
被服・美容費				
娯楽・交際費				
交通費				
車関係費				
MEMO				

＿＿＿（金）	＿＿＿（土）	＿＿＿（日）

費目ごとの合計

食費

円

外食・中食

円

日用雑貨費　円

被服・美容費　円

娯楽・交際費　円

交通費　円

車関係費　円

円

円

円

円

円

円

円

今週の合計 ⓔ

円

これまでの合計 ⓐ＋ⓑ＋ⓒ＋ⓓ＋ⓔ

円

今月あと 🄴－（ⓐ＋ⓑ＋ⓒ＋ⓓ＋ⓔ）

円

_____ **月のまとめ** （こうしてよかった！ こうすればよかった！）

....

....

....

収入 Ⓐ

給与	
臨時収入	
合計	円

特別支出 Ⓒ

小計	円

流動費 Ⓔ

食費	
外食・中食	
日用雑貨費	
被服・美容費	
娯楽・交際費	
交通費	
車関係費	
小計	円

決まって出るお金（固定費）Ⓑ

電気	
ガス	
水道	
ローン（家賃）	
通信費	
こづかい	
小計	円

預貯金 Ⓓ

預け先	金額
小計	円

収入（Ⓐ） □ 円 － 支出（Ⓑ＋Ⓒ＋Ⓓ＋Ⓔ） □ 円 ＝ _____ 月の収支 ＋ － □ 円

月 MON	火 TUE	水 WED	木 THU	金 FRI	土 SAT	日 SUN

収入 Ⓐ

給与	
臨時収入	
合計	円

Ⓐ−(Ⓑ+Ⓒ+Ⓓ)
今月の予算（流動費）Ⓔ

= 　　　　　　円

決まって出るお金（固定費）Ⓑ

電気	
ガス	
水道	
ローン（家賃）	
通信費	
こづかい	
小計	円

特別支出 Ⓒ

小計	円

預貯金 Ⓓ

預け先	金額
小計	円

point
老後の生活費は公的年金のみでは月平均4万円強不足（総務省「家計調査」平成29年より試算）。貯蓄が必須。　053

_____月	_____（月）	_____（火）	_____（水）	_____（木）
出費に かかわる予定				
食費				
外食・中食				
日用雑貨費				
被服・美容費				
娯楽・交際費				
交通費				
車関係費				
MEMO				

_____（金）	_____（土）	_____（日）

費目ごとの合計

食費	
	円

外食・中食	
	円

日用雑貨費	円
被服・美容費	円
娯楽・交際費	円
交通費	円
車関係費	円
	円
	円
	円
	円
	円
	円
	円

今週の合計 ⓐ	
	円

これまでの合計 ⓐ	円

今月あと 🅔 − ⓐ	円

＿＿＿月	＿＿＿（月）		＿＿＿（火）		＿＿＿（水）		＿＿＿（木）	
出費に かかわる予定								
食費								
外食・中食								
日用雑貨費								
被服・美容費								
娯楽・交際費								
交通費								
車関係費								
MEMO								

_____（金）	_____（土）	_____（日）

費目ごとの合計

食費	円
外食・中食	円
日用雑貨費	円
被服・美容費	円
娯楽・交際費	円
交通費	円
車関係費	円
	円
	円
	円
	円
	円
	円
	円

今週の合計 ⓑ

円

これまでの合計 ⓐ＋ⓑ

円

今月あと **E**－(ⓐ＋ⓑ)

円

_____月	_____（月）	_____（火）	_____（水）	_____（木）
出費に かかわる予定				
食費				
外食・中食				
日用雑貨費				
被服・美容費				
娯楽・交際費				
交通費				
車関係費				
MEMO				

_____（金）	_____（土）	_____（日）

費目ごとの合計

食費	円
外食・中食	円
日用雑貨費	円
被服・美容費	円
娯楽・交際費	円
交通費	円
車関係費	円
	円
	円
	円
	円
	円
	円
	円
	円

今週の合計 ⓒ
円

これまでの合計 ⓐ＋ⓑ＋ⓒ
円

今月あと **E** −（ⓐ＋ⓑ＋ⓒ）
円

point
クレジットカードは後払い用のカード。発行時に審査があり、支払い方法により手数料や会費が必要な場合も。

_____ 月	_____ (月)		_____ (火)		_____ (水)		_____ (木)	
出費に かかわる予定								
食費								
外食・中食								
日用雑貨費								
被服・美容費								
娯楽・交際費								
交通費								
車関係費								
MEMO								

＿＿＿（金）	＿＿＿（土）	＿＿＿（日）

費目ごとの合計

食費

円

外食・中食

円

日用雑貨費

円

被服・美容費

円

娯楽・交際費

円

交通費

円

車関係費

円

円

円

円

円

円

円

円

円

今週の合計 ⓓ

円

これまでの合計 $\text{ⓐ}+\text{ⓑ}+\text{ⓒ}+\text{ⓓ}$

円

今月あと $\text{Ｅ}-(\text{ⓐ}+\text{ⓑ}+\text{ⓒ}+\text{ⓓ})$

円

_____ 月	_____ （月）	_____ （火）	_____ （水）	_____ （木）
出費に かかわる予定				
食費				
外食・中食				
日用雑貨費				
被服・美容費				
娯楽・交際費				
交通費				
車関係費				
MEMO				

_____（金）	_____（土）	_____（日）

費目ごとの合計

食費	円
外食・中食	円
日用雑貨費	円
被服・美容費	円
娯楽・交際費	円
交通費	円
車関係費	円
	円
	円
	円
	円
	円
	円
	円

今週の合計 ⓔ
円

これまでの合計 ⓐ＋ⓑ＋ⓒ＋ⓓ＋ⓔ
円

今月あと 🅴－（ⓐ＋ⓑ＋ⓒ＋ⓓ＋ⓔ）
円

_____ **月のまとめ** （こうしてよかった！ こうすればよかった！）

収入 Ⓐ

給与	
臨時収入	
合計	円

決まって出るお金（固定費）Ⓑ

電気	
ガス	
水道	
ローン（家賃）	
通信費	
こづかい	
小計	円

特別支出 Ⓒ

小計	円

預貯金 Ⓓ

預け先	金額
小計	円

流動費 Ⓔ

食費	
外食・中食	
日用雑貨費	
被服・美容費	
娯楽・交際費	
交通費	
車関係費	
小計	円

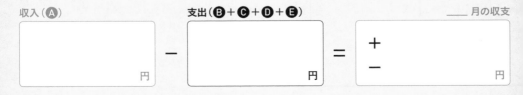

収入（Ⓐ）

円

－

支出（Ⓑ＋Ⓒ＋Ⓓ＋Ⓔ）

円

＝

_____ 月の収支

+
－
円

月 MON	火 TUE	水 WED	木 THU	金 FRI	土 SAT	日 SUN

収入 Ⓐ

給与	
臨時収入	
合計	円

Ⓐ −(Ⓑ + Ⓒ + Ⓓ)
今月の予算（流動費）Ⓔ

= 　　　　　　　円

決まって出るお金（固定費）Ⓑ

電気	
ガス	
水道	
ローン（家賃）	
通信費	
こづかい	
小計	円

特別支出 Ⓒ

小計	円

預貯金 Ⓓ

預け先	金額
小計	円

point
クレジットカードのキャッシングは金利が高いので要注意。分割払いやリボルビング払いは、なるべく避けて。　065

_____ 月	_____ (月)	_____ (火)	_____ (水)	_____ (木)
出費に かかわる予定				
食費				
外食・中食				
日用雑貨費				
被服・美容費				
娯楽・交際費				
交通費				
車関係費				
MEMO				

_____（金）		_____（土）		_____（日）

費目ごとの合計

食費

円

外食・中食

円

日用雑貨費

円

被服・美容費

円

娯楽・交際費

円

交通費

円

車関係費

円

円

円

円

円

円

円

円

今週の合計 ⓐ

円

これまでの合計 ⓐ

円

今月あと 🅔 − ⓐ

円

_____ 月	_____ (月)	_____ (火)	_____ (水)	_____ (木)
出費に かかわる予定				
食費				
外食・中食				
日用雑貨費				
被服・美容費				
娯楽・交際費				
交通費				
車関係費				
MEMO				

_____（金）	_____（土）	_____（日）

費目ごとの合計

食費

円

外食・中食

円

日用雑貨費

円

被服・美容費

円

娯楽・交際費

円

交通費

円

車関係費

円

円

円

円

円

円

円

今週の合計 ⓑ

円

これまでの合計 ⓐ＋ⓑ

円

今月あと Ｅ−（ⓐ＋ⓑ）

円

_____ 月	_____ （月）	_____ （火）	_____ （水）	_____ （木）
出費に かかわる予定				
食費				
外食・中食				
日用雑貨費				
被服・美容費				
娯楽・交際費				
交通費				
車関係費				
MEMO				

_____（金）	_____（土）	_____（日）

費目ごとの合計

食費

円

外食・中食

円

日用雑貨費 円

被服・美容費 円

娯楽・交際費 円

交通費 円

車関係費 円

円

円

円

円

円

円

円

円

今週の合計 ⓒ

円

これまでの合計 ⓐ＋ⓑ＋ⓒ

円

今月あと **E** －（ⓐ＋ⓑ＋ⓒ）

円

＿＿月	＿＿（月）	＿＿（火）	＿＿（水）	＿＿（木）
出費に かかわる予定				
食費				
外食・中食				
日用雑貨費				
被服・美容費				
娯楽・交際費				
交通費				
車関係費				
MEMO				

＿＿＿＿（金）	＿＿＿＿（土）	＿＿＿＿（日）

費目ごとの合計

食費

＿＿＿＿ 円

外食・中食

＿＿＿＿ 円

日用雑貨費 ＿＿＿＿ 円

被服・美容費 ＿＿＿＿ 円

娯楽・交際費 ＿＿＿＿ 円

交通費 ＿＿＿＿ 円

車関係費 ＿＿＿＿ 円

＿＿＿＿ 円

＿＿＿＿ 円

＿＿＿＿ 円

＿＿＿＿ 円

＿＿＿＿ 円

＿＿＿＿ 円

＿＿＿＿ 円

今週の合計 ⓓ

＿＿＿＿ 円

これまでの合計 ⓐ＋ⓑ＋ⓒ＋ⓓ

＿＿＿＿ 円

今月あと Ⓔ－(ⓐ＋ⓑ＋ⓒ＋ⓓ)

＿＿＿＿ 円

_____ 月	_____ (月)		_____ (火)		_____ (水)		_____ (木)	
出費に かかわる予定								
食費								
外食・中食								
日用雑貨費								
被服・美容費								
娯楽・交際費								
交通費								
車関係費								
MEMO								

_____（金）	_____（土）	_____（日）

費目ごとの合計

食費

円

外食・中食

円

日用雑貨費　円

被服・美容費　円

娯楽・交際費　円

交通費　円

車関係費　円

円

円

円

円

円

円

円

今週の合計 ⓔ
円

これまでの合計 ⓐ＋ⓑ＋ⓒ＋ⓓ＋ⓔ

円

今月あと **Ⓔ** － (ⓐ＋ⓑ＋ⓒ＋ⓓ＋ⓔ)

円

_____ **月のまとめ** （こうしてよかった！ こうすればよかった！）

....

....

....

収入 Ⓐ

給与	
臨時収入	
合計	円

決まって出るお金（固定費）Ⓑ

電気	
ガス	
水道	
ローン（家賃）	
通信費	
こづかい	
小計	円

特別支出 Ⓒ

小計	円

預貯金 Ⓓ

預け先	金額
小計	円

流動費 Ⓔ

食費	
外食・中食	
日用雑貨費	
被服・美容費	
娯楽・交際費	
交通費	
車関係費	
小計	円

収入（Ⓐ）

円

－

支出（Ⓑ＋Ⓒ＋Ⓓ＋Ⓔ）

円

＝

_____ 月の収支

＋
－
円

月 MON	火 TUE	水 WED	木 THU	金 FRI	土 SAT	日 SUN

収入 Ⓐ

給与	
臨時収入	
合計	円

Ⓐ － (Ⓑ ＋ Ⓒ ＋ Ⓓ)
今月の予算（流動費）Ⓔ

= 　　　　　　円

決まって出るお金（固定費）Ⓑ

電気	
ガス	
水道	
ローン（家賃）	
通信費	
こづかい	
小計	円

特別支出 Ⓒ

小計	円

預貯金 Ⓓ

預け先	金額
小計	円

_____ 月	_____ (月)		_____ (火)		_____ (水)		_____ (木)	
出費に かかわる予定								
食費								
外食・中食								
日用雑貨費								
被服・美容費								
娯楽・交際費								
交通費								
車関係費								
MEMO								

_____（金）		_____（土）		_____（日）

費目ごとの合計

食費

　円

外食・中食

　円

日用雑貨費　円

被服・美容費　円

娯楽・交際費　円

交通費　円

車関係費　円

　円

　円

　円

　円

　円

　円

　円

　円

今週の合計 ⓐ
円

これまでの合計 ⓐ

円

今月あと **Ｅ** − ⓐ

円

_____ 月	_____ （月）	_____ （火）	_____ （水）	_____ （木）
出費に かかわる予定				
食費				
外食・中食				
日用雑貨費				
被服・美容費				
娯楽・交際費				
交通費				
車関係費				
MEMO				

	_____（金）		_____（土）		_____（日）

費目ごとの合計

食費

円

外食・中食

円

日用雑貨費

円

被服・美容費

円

娯楽・交際費

円

交通費

円

車関係費

円

円

円

円

円

円

円

円

今週の合計 ⓑ
円

これまでの合計 ⓐ＋ⓑ

円

今月あと 🅔−（ⓐ＋ⓑ）

円

___月	___（月）	___（火）	___（水）	___（木）
出費に かかわる予定				
食費				
外食・中食				
日用雑貨費				
被服・美容費				
娯楽・交際費				
交通費				
車関係費				

MEMO

_____（金）		_____（土）		_____（日）

費目ごとの合計

食費

円

外食・中食

円

日用雑貨費 円

被服・美容費 円

娯楽・交際費 円

交通費 円

車関係費 円

円

円

円

円

円

円

円

今週の合計 ⓒ

円

これまでの合計 ⓐ＋ⓑ＋ⓒ

円

今月あと **E** － (ⓐ＋ⓑ＋ⓒ)

円

＿＿月	＿＿（月）		＿＿（火）		＿＿（水）		＿＿（木）
出費に かかわる予定							
食費							
外食・中食							
日用雑貨費							
被服・美容費							
娯楽・交際費							
交通費							
車関係費							
MEMO							

_____（金）	_____（土）	_____（日）

費目ごとの合計

食費

円

外食・中食

円

日用雑貨費　円

被服・美容費　円

娯楽・交際費　円

交通費　円

車関係費　円

円

円

円

円

円

円

円

今週の合計 ⓓ
円

これまでの合計 ⓐ＋ⓑ＋ⓒ＋ⓓ

円

今月あと **E** －（ⓐ＋ⓑ＋ⓒ＋ⓓ）

円

_____ 月	_____ (月)		_____ (火)		_____ (水)		_____ (木)	
出費に かかわる予定								
食費								
外食・中食								
日用雑貨費								
被服・美容費								
娯楽・交際費								
交通費								
車関係費								
MEMO								

	_____（金）	_____（土）	_____（日）

費目ごとの合計

食費	
	円

外食・中食	
	円

日用雑貨費	円

被服・美容費	円

娯楽・交際費	円

交通費	円

車関係費	円

	円

| | 円 |

| | 円 |

| | 円 |

| | 円 |

| | 円 |

| | 円 |

今週の合計 ⓔ

円

これまでの合計 ⓐ＋ⓑ＋ⓒ＋ⓓ＋ⓔ

円

今月あと Ⓔ－（ⓐ＋ⓑ＋ⓒ＋ⓓ＋ⓔ）

円

_____ **月のまとめ** （こうしてよかった！ こうすればよかった！）

収入 Ⓐ

給与	
臨時収入	
合計	円

決まって出るお金（固定費）Ⓑ

電気	
ガス	
水道	
ローン（家賃）	
通信費	
こづかい	
小計	円

特別支出 Ⓒ

小計	円

預貯金 Ⓓ

預け先	金額
小計	円

流動費 Ⓔ

食費	
外食・中食	
日用雑貨費	
被服・美容費	
娯楽・交際費	
交通費	
車関係費	
小計	円

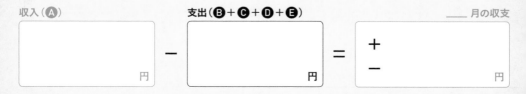

収入（Ⓐ）

支出（Ⓑ＋Ⓒ＋Ⓓ＋Ⓔ）

_____ 月の収支

　　　　　円　 － 　　　　　円　 ＝ 　＋
　　　　　　　　　　　　　　　　　　　　 －　　　　円

月 MON	火 TUE	水 WED	木 THU	金 FRI	土 SAT	日 SUN

収入 Ⓐ

給与	
臨時収入	
合計	円

Ⓐ-(Ⓑ+Ⓒ+Ⓓ)
今月の予算（流動費）Ⓔ

= 円

決まって出るお金（固定費）Ⓑ

電気	
ガス	
水道	
ローン（家賃）	
通信費	
こづかい	
小計	円

特別支出 Ⓒ

小計	円

預貯金 Ⓓ

預け先	金額
小計	円

point
年収1120万円以下の会社員の配偶者がパートで働く場合、いくつかの「年収の壁」があることを知っておいて。089

＿＿＿月	＿＿＿（月）	＿＿＿（火）	＿＿＿（水）	＿＿＿（木）
出費に かかわる予定				
食費				
外食・中食				
日用雑貨費				
被服・美容費				
娯楽・交際費				
交通費				
車関係費				
MEMO				

（金）	（土）	（日）

費目ごとの合計

食費	
	円

外食・中食	
	円

日用雑貨費	円

被服・美容費	円

娯楽・交際費	円

交通費	円

車関係費	円

	円
	円
	円
	円
	円
	円

今週の合計 ⓐ	
	円

これまでの合計 ⓐ	
	円

今月あと **E** − ⓐ	
	円

_____ 月	_____ （月）	_____ （火）	_____ （水）	_____ （木）
出費に かかわる予定				
食費				
外食・中食				
日用雑貨費				
被服・美容費				
娯楽・交際費				
交通費				
車関係費				

MEMO

_____（金）	_____（土）	_____（日）

費目ごとの合計

食費

円

外食・中食

円

日用雑貨費

円

被服・美容費

円

娯楽・交際費

円

交通費

円

車関係費

円

円

円

円

円

円

円

今週の合計 ⓑ
円

これまでの合計 ⓐ+ⓑ

円

今月あと **E**−(ⓐ+ⓑ)

円

___ 月	___（月）	___（火）	___（水）	___（木）
出費に かかわる予定				
食費				
外食・中食				
日用雑貨費				
被服・美容費				
娯楽・交際費				
交通費				
車関係費				
MEMO				

094

_____ （金）	_____ （土）	_____ （日）

費目ごとの合計

食費

円

外食・中食

円

日用雑貨費

円

被服・美容費

円

娯楽・交際費

円

交通費

円

車関係費

円

円

円

円

円

円

円

円

今週の合計 ⓒ

円

これまでの合計 ⓐ＋ⓑ＋ⓒ

円

今月あと Ｅ－（ⓐ＋ⓑ＋ⓒ）

円

_____ 月	_____ （月）		_____ （火）		_____ （水）		_____ （木）	
出費に かかわる予定								
食費								
外食・中食								
日用雑貨費								
被服・美容費								
娯楽・交際費								
交通費								
車関係費								
MEMO								

＿＿＿（金）	＿＿＿（土）	＿＿＿（日）

費目ごとの合計

食費

円

外食・中食

円

日用雑貨費 円

被服・美容費 円

娯楽・交際費 円

交通費 円

車関係費 円

円

円

円

円

円

円

今週の合計 ⓓ
円

これまでの合計 ⓐ＋ⓑ＋ⓒ＋ⓓ

円

今月あと **E**－(ⓐ＋ⓑ＋ⓒ＋ⓓ)

円

___ 月	___（月）	___（火）	___（水）	___（木）
出費に かかわる予定				
食費				
外食・中食				
日用雑貨費				
被服・美容費				
娯楽・交際費				
交通費				
車関係費				
MEMO				

_____ (金)		_____ (土)		_____ (日)	

費目ごとの合計

食費

円

外食・中食

円

日用雑貨費　　　円

被服・美容費　　　円

娯楽・交際費　　　円

交通費　　　円

車関係費　　　円

円

円

円

円

円

円

円

今週の合計 (e)
円

これまでの合計 (a) + (b) + (c) + (d) + (e)

円

今月あと **E** − ((a) + (b) + (c) + (d) + (e))

円

_____ **月のまとめ** (こうしてよかった！こうすればよかった！)

....

....

....

収入 Ⓐ

給与	
臨時収入	
合計	円

決まって出るお金（固定費）Ⓑ

電気	
ガス	
水道	
ローン（家賃）	
通信費	
こづかい	
小計	円

特別支出 Ⓒ

小計	円

預貯金 Ⓓ

預け先	金額
小計	円

流動費 Ⓔ

食費	
外食・中食	
日用雑貨費	
被服・美容費	
娯楽・交際費	
交通費	
車関係費	
小計	円

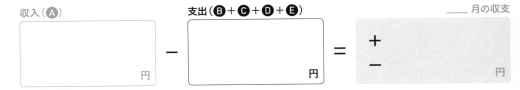

収入（Ⓐ）

円

－

支出（Ⓑ＋Ⓒ＋Ⓓ＋Ⓔ）

円

＝　_____ 月の収支

＋
－
円

月 MON	火 TUE	水 WED	木 THU	金 FRI	土 SAT	日 SUN

収入 Ⓐ

給与	
臨時収入	
合計	円

Ⓐ−(Ⓑ＋Ⓒ＋Ⓓ)
今月の予算（流動費）Ⓔ

＝ _____ 円

決まって出るお金（固定費）Ⓑ

電気	
ガス	
水道	
ローン（家賃）	
通信費	
こづかい	
小計	円

特別支出 Ⓒ

小計	円

預貯金 Ⓓ

預け先	金額
小計	円

point
🔾 貯蓄は日常の生活費とは別に、さまざまなシーンの大きな出費に備えるために必要。計画的に貯蓄をしましょう。

＿＿＿月	＿＿＿（月）	＿＿＿（火）	＿＿＿（水）	＿＿＿（木）
出費に かかわる予定				
食費				
外食・中食				
日用雑貨費				
被服・美容費				
娯楽・交際費				
交通費				
車関係費				
MEMO				

（金）	（土）	（日）

費目ごとの合計

食費	
	円

外食・中食	
	円

日用雑貨費	円

被服・美容費	円

娯楽・交際費	円

交通費	円

車関係費	円

	円
	円
	円
	円
	円
	円
	円

今週の合計 ⓐ	
	円

これまでの合計 ⓐ	
	円

今月あと **E** − ⓐ	
	円

____月	____（月）		____（火）		____（水）		____（木）	
出費に かかわる予定								
食費								
外食・中食								
日用雑貨費								
被服・美容費								
娯楽・交際費								
交通費								
車関係費								
MEMO								

＿＿＿＿（金）	＿＿＿＿（土）	＿＿＿＿（日）

費目ごとの合計

食費

円

外食・中食

円

日用雑貨費 円

被服・美容費 円

娯楽・交際費 円

交通費 円

車関係費 円

円

円

円

円

円

円

円

今週の合計 ⓑ

円

これまでの合計 ⓐ＋ⓑ

円

今月あと 🅴 －（ⓐ＋ⓑ）

円

____ 月	____ （月）	____ （火）	____ （水）	____ （木）
出費に かかわる予定				
食費				
外食・中食				
日用雑貨費				
被服・美容費				
娯楽・交際費				
交通費				
車関係費				
MEMO				

106

_____（金）	_____（土）	_____（日）

費目ごとの合計

食費

円

外食・中食

円

日用雑貨費 円

被服・美容費 円

娯楽・交際費 円

交通費 円

車関係費 円

円

円

円

円

円

円

円

今週の合計 ⓒ

円

これまでの合計 ⓐ＋ⓑ＋ⓒ

円

今月あと **E** −(ⓐ＋ⓑ＋ⓒ)

円

_____月	_____（月）	_____（火）	_____（水）	_____（木）
出費に かかわる予定				
食費				
外食・中食				
日用雑貨費				
被服・美容費				
娯楽・交際費				
交通費				
車関係費				
MEMO				

_____（金）	_____（土）	_____（日）

費目ごとの合計

食費

　円

外食・中食

　円

日用雑貨費　円

被服・美容費　円

娯楽・交際費　円

交通費　円

車関係費　円

　円

　円

　円

　円

　円

　円

　円

今週の合計 ⓓ

　円

これまでの合計 ⓐ＋ⓑ＋ⓒ＋ⓓ

　円

今月あと **Ｅ**－（ⓐ＋ⓑ＋ⓒ＋ⓓ）

　円

_____ 月	_____ (月)		_____ (火)		_____ (水)		_____ (木)	
出費に かかわる予定								
食費								
外食・中食								
日用雑貨費								
被服・美容費								
娯楽・交際費								
交通費								
車関係費								
MEMO								

＿＿＿（金）	＿＿＿（土）	＿＿＿（日）

費目ごとの合計

食費

円

外食・中食

円

日用雑貨費　円

被服・美容費　円

娯楽・交際費　円

交通費　円

車関係費　円

円

円

円

円

円

円

円

今週の合計 ⓔ

円

これまでの合計 ⓐ＋ⓑ＋ⓒ＋ⓓ＋ⓔ

円

今月あと 🅴 － (ⓐ＋ⓑ＋ⓒ＋ⓓ＋ⓔ)

円

_____ **月のまとめ** (こうしてよかった！ こうすればよかった！)

収入 Ⓐ

給与	
臨時収入	
合計	円

決まって出るお金（固定費）Ⓑ

電気	
ガス	
水道	
ローン（家賃）	
通信費	
こづかい	
小計	円

特別支出 Ⓒ

小計	円

預貯金 Ⓓ

預け先	金額
小計	円

流動費 Ⓔ

食費	
外食・中食	
日用雑貨費	
被服・美容費	
娯楽・交際費	
交通費	
車関係費	
小計	円

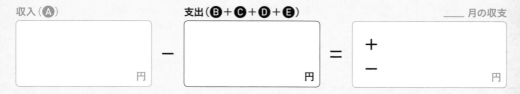

収入（Ⓐ）

□ 円

－

支出（Ⓑ＋Ⓒ＋Ⓓ＋Ⓔ）

□ 円

＝

____ 月の収支

＋
－ 円

月 MON	火 TUE	水 WED	木 THU	金 FRI	土 SAT	日 SUN

収入 Ⓐ

給与	
臨時収入	
合計	円

Ⓐ－（Ⓑ＋Ⓒ＋Ⓓ）
今月の予算（流動費）Ⓔ

＝　　　　　　　　　円

決まって出るお金（固定費）Ⓑ

電気	
ガス	
水道	
ローン（家賃）	
通信費	
こづかい	
小計	円

特別支出 Ⓒ

小計	円

預貯金 Ⓓ

預け先	金額
小計	円

_____月	_____（月）	_____（火）	_____（水）	_____（木）
出費に かかわる予定				
食費				
外食・中食				
日用雑貨費				
被服・美容費				
娯楽・交際費				
交通費				
車関係費				
MEMO				

	（金）		（土）		（日）

費目ごとの合計

食費	円
外食・中食	円
日用雑貨費	円
被服・美容費	円
娯楽・交際費	円
交通費	円
車関係費	円
	円
	円
	円
	円
	円
	円
	円

今週の合計 ⓐ

円

これまでの合計 ⓐ

円

今月あと Ⓔ − ⓐ

円

介護保険では、施設に入っていても自宅介護でも、日用雑貨費や食費、被服費、家賃などは助成の対象外です。　115

_____ 月	_____ （月）	_____ （火）	_____ （水）	_____ （木）
出費に かかわる予定				
食費				
外食・中食				
日用雑貨費				
被服・美容費				
娯楽・交際費				
交通費				
車関係費				
MEMO				

116

＿＿＿（金）	＿＿＿（土）	＿＿＿（日）

費目ごとの合計

食費	
	円
外食・中食	
	円
日用雑貨費	円
被服・美容費	円
娯楽・交際費	円
交通費	円
車関係費	円
	円
	円
	円
	円
	円
	円

今週の合計 ⓑ

円

これまでの合計 ⓐ＋ⓑ

円

今月あと 🅔 −（ⓐ＋ⓑ）

円

_____ 月	_____ （月）	_____ （火）	_____ （水）	_____ （木）
出費に かかわる予定				
食費				
外食・中食				
日用雑貨費				
被服・美容費				
娯楽・交際費				
交通費				
車関係費				
MEMO				

118

（金）	（土）	（日）

費目ごとの合計

食費

円

外食・中食

円

日用雑貨費

円

被服・美容費

円

娯楽・交際費

円

交通費

円

車関係費

円

円

円

円

円

円

円

円

今週の合計 ⓒ
円

これまでの合計 ⓐ＋ⓑ＋ⓒ

円

今月あと ⓔ－（ⓐ＋ⓑ＋ⓒ）

円

_____月	_____（月）	_____（火）	_____（水）	_____（木）
出費に かかわる予定				
食費				
外食・中食				
日用雑貨費				
被服・美容費				
娯楽・交際費				
交通費				
車関係費				
MEMO				

＿＿＿（金）	＿＿＿（土）	＿＿＿（日）

費目ごとの合計

食費

円

外食・中食

円

日用雑貨費 　円

被服・美容費 　円

娯楽・交際費 　円

交通費 　円

車関係費 　円

円

円

円

円

円

円

円

今週の合計 ⓓ

円

これまでの合計 ⓐ＋ⓑ＋ⓒ＋ⓓ

円

今月あと **E**－(ⓐ＋ⓑ＋ⓒ＋ⓓ)

円

_____ 月	_____（月）	_____（火）	_____（水）	_____（木）
出費に かかわる予定				
食費				
外食・中食				
日用雑貨費				
被服・美容費				
娯楽・交際費				
交通費				
車関係費				
MEMO				

_____（金）	_____（土）	_____（日）

費目ごとの合計

食費

円

外食・中食

円

日用雑貨費

円

被服・美容費

円

娯楽・交際費

円

交通費

円

車関係費

円

円

円

円

円

円

円

円

今週の合計 ⓔ
円

これまでの合計 ⓐ＋ⓑ＋ⓒ＋ⓓ＋ⓔ

円

今月あと **Ⓔ** −（ⓐ＋ⓑ＋ⓒ＋ⓓ＋ⓔ）

円

_____ 月のまとめ（こうしてよかった！ こうすればよかった！）

収入 Ⓐ

給与	
臨時収入	
合計	円

決まって出るお金（固定費）Ⓑ

電気	
ガス	
水道	
ローン（家賃）	
通信費	
こづかい	
小計	円

特別支出 Ⓒ

小計	円

預貯金 Ⓓ

預け先	金額
小計	円

流動費 Ⓔ

食費	
外食・中食	
日用雑貨費	
被服・美容費	
娯楽・交際費	
交通費	
車関係費	
小計	円

収入（Ⓐ）

円

−

支出（Ⓑ＋Ⓒ＋Ⓓ＋Ⓔ）

円

＝

_____ 月の収支

＋
−
円

月 MON	火 TUE	水 WED	木 THU	金 FRI	土 SAT	日 SUN

収入 Ⓐ

給与	
臨時収入	
合計	円

Ⓐ−(Ⓑ+Ⓒ+Ⓓ)
今月の予算（流動費）Ⓔ

= 　　　　　円

決まって出るお金（固定費）Ⓑ

電気	
ガス	
水道	
ローン（家賃）	
通信費	
こづかい	
小計	円

特別支出 Ⓒ

小計	円

預貯金 Ⓓ

預け先	金額
小計	円

point 体外受精や顕微授精の高額な医療費。対象条件を満たせば、1回15万円程度の自治体の助成を受けられます。

_____ 月	_____（月）	_____（火）	_____（水）	_____（木）
出費に かかわる予定				
食費				
外食・中食				
日用雑貨費				
被服・美容費				
娯楽・交際費				
交通費				
車関係費				
MEMO				

（金）	（土）	（日）

費目ごとの合計

食費

円

外食・中食

円

日用雑貨費　円

被服・美容費　円

娯楽・交際費　円

交通費　円

車関係費　円

円

円

円

円

円

円

円

今週の合計 ⓐ

円

これまでの合計 ⓐ

円

今月あと 🅔 − ⓐ

円

_____月	_____（月）		_____（火）		_____（水）		_____（木）	
出費に かかわる予定								
食費								
外食・中食								
日用雑貨費								
被服・美容費								
娯楽・交際費								
交通費								
車関係費								
MEMO								

		_____ （金）		_____ （土）		_____ （日）

費目ごとの合計

食費

　　　　　円

外食・中食

　　　　　円

日用雑貨費　　円

被服・美容費　　円

娯楽・交際費　　円

交通費　　円

車関係費　　円

　　　　　円

　　　　　円

　　　　　円

　　　　　円

　　　　　円

　　　　　円

　　　　　円

今週の合計 ⓑ

　　　　　円

これまでの合計 ⓐ + ⓑ

　　　　　円

今月あと Ｅ −（ⓐ + ⓑ）

　　　　　円

point
帝王切開や処置が行われた場合は、健康保険が使えます。自己負担が高額の場合は、高額医療費の請求が可能です。　129

___月	___（月）	___（火）	___（水）	___（木）
出費に かかわる予定				
食費				
外食・中食				
日用雑貨費				
被服・美容費				
娯楽・交際費				
交通費				
車関係費				

MEMO

＿＿＿＿（金）	＿＿＿＿（土）	＿＿＿＿（日）

費目ごとの合計

食費

＿＿＿＿＿＿＿＿ 円

外食・中食

＿＿＿＿＿＿＿＿ 円

日用雑貨費　＿＿＿＿ 円

被服・美容費　＿＿＿＿ 円

娯楽・交際費　＿＿＿＿ 円

交通費　＿＿＿＿ 円

車関係費　＿＿＿＿ 円

＿＿＿＿ 円

＿＿＿＿ 円

＿＿＿＿ 円

＿＿＿＿ 円

＿＿＿＿ 円

＿＿＿＿ 円

＿＿＿＿ 円

今週の合計 ⓒ

＿＿＿＿ 円

これまでの合計 ⓐ＋ⓑ＋ⓒ

＿＿＿＿ 円

今月あと Ⓔ －（ⓐ＋ⓑ＋ⓒ）

＿＿＿＿ 円

_____月	_____（月）	_____（火）	_____（水）	_____（木）
出費に かかわる予定				
食費				
外食・中食				
日用雑貨費				
被服・美容費				
娯楽・交際費				
交通費				
車関係費				
MEMO				

_____（金）	_____（土）	_____（日）

費目ごとの合計

食費

円

外食・中食

円

日用雑貨費

円

被服・美容費

円

娯楽・交際費

円

交通費

円

車関係費

円

円

円

円

円

円

円

円

今週の合計 ⓓ

円

これまでの合計 ⓐ＋ⓑ＋ⓒ＋ⓓ

円

今月あと **Ⓔ**－（ⓐ＋ⓑ＋ⓒ＋ⓓ）

円

_____月	_____（月）		_____（火）		_____（水）		_____（木）	
出費に かかわる予定								
食費								
外食・中食								
日用雑貨費								
被服・美容費								
娯楽・交際費								
交通費								
車関係費								
MEMO								

134

	＿＿＿＿（金）		＿＿＿＿（土）		＿＿＿＿（日）

費目ごとの合計

食費

円

外食・中食

円

日用雑貨費	円
被服・美容費	円
娯楽・交際費	円
交通費	円
車関係費	円
	円
	円
	円
	円
	円
	円
	円

今週の合計 ⓔ

円

これまでの合計 ⓐ＋ⓑ＋ⓒ＋ⓓ＋ⓔ

円

今月あと 🅔 －(ⓐ＋ⓑ＋ⓒ＋ⓓ＋ⓔ)

円

_____ 月のまとめ （こうしてよかった！ こうすればよかった！）

収入 Ⓐ

給与	
臨時収入	
合計	円

決まって出るお金（固定費）Ⓑ

電気	
ガス	
水道	
ローン（家賃）	
通信費	
こづかい	
小計	円

特別支出 Ⓒ

小計	円

預貯金 Ⓓ

預け先	金額
小計	円

流動費 Ⓔ

食費	
外食・中食	
日用雑貨費	
被服・美容費	
娯楽・交際費	
交通費	
車関係費	
小計	円

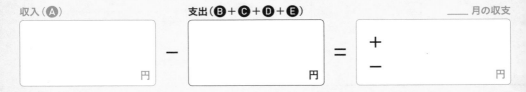

収入（Ⓐ）
□ 円

−

支出（Ⓑ＋Ⓒ＋Ⓓ＋Ⓔ）
□ 円

=

_____ 月の収支
＋
−
□ 円

月 MON	火 TUE	水 WED	木 THU	金 FRI	土 SAT	日 SUN

収入 A

給与	
臨時収入	
合計	円

A − (B + C + D)
今月の予算（流動費） E

= 　　　　　　円

決まって出るお金（固定費） B

電気	
ガス	
水道	
ローン（家賃）	
通信費	
こづかい	
小計	円

特別支出 C

小計	円

預貯金 D

預け先	金額
小計	円

＿＿月	＿＿（月）	＿＿（火）	＿＿（水）	＿＿（木）
出費に かかわる予定				
食費				
外食・中食				
日用雑貨費				
被服・美容費				
娯楽・交際費				
交通費				
車関係費				
MEMO				

138

	（金）		（土）		（日）

費目ごとの合計

食費

円

外食・中食

円

日用雑貨費 円

被服・美容費 円

娯楽・交際費 円

交通費 円

車関係費 円

円

円

円

円

円

円

円

円

今週の合計 ⓐ

円

これまでの合計 ⓐ

円

今月あと Ｅ － ⓐ

円

＿＿月	＿＿（月）		＿＿（火）		＿＿（水）		＿＿（木）	
出費に かかわる予定								
食費								
外食・中食								
日用雑貨費								
被服・美容費								
娯楽・交際費								
交通費								
車関係費								
MEMO								

140

	_____ （金）	_____ （土）	_____ （日）

費目ごとの合計

食費

円

外食・中食

円

日用雑貨費 円

被服・美容費 円

娯楽・交際費 円

交通費 円

車関係費 円

円

円

円

円

円

円

円

円

今週の合計 ⓑ

円

これまでの合計 ⓐ + ⓑ

円

今月あと Ｅ − (ⓐ + ⓑ)

円

_____月	_____（月）	_____（火）	_____（水）	_____（木）
出費に かかわる予定				
食費				
外食・中食				
日用雑貨費				
被服・美容費				
娯楽・交際費				
交通費				
車関係費				
MEMO				

(金)	(土)	(日)

費目ごとの合計

食費

　円

外食・中食

　円

日用雑貨費　円

被服・美容費　円

娯楽・交際費　円

交通費　円

車関係費　円

　円

　円

　円

　円

　円

　円

　円

今週の合計 ⓒ

　円

これまでの合計 ⓐ + ⓑ + ⓒ

　円

今月あと 🄴 − (ⓐ + ⓑ + ⓒ)

　円

_____ 月	_____ (月)	_____ (火)	_____ (水)	_____ (木)
出費に かかわる予定				
食費				
外食・中食				
日用雑貨費				
被服・美容費				
娯楽・交際費				
交通費				
車関係費				
MEMO				

144

_____ （金）	_____ （土）	_____ （日）

費目ごとの合計

食費

　円

外食・中食

　円

日用雑貨費　円

被服・美容費　円

娯楽・交際費　円

交通費　円

車関係費　円

　円

　円

　円

　円

　円

　円

今週の合計 ⓓ

　円

これまでの合計 ⓐ ＋ ⓑ ＋ ⓒ ＋ ⓓ

　円

今月あと 🅔 － (ⓐ ＋ ⓑ ＋ ⓒ ＋ ⓓ)

　円

___月	___（月）	___（火）	___（水）	___（木）
出費に かかわる予定				
食費				
外食・中食				
日用雑貨費				
被服・美容費				
娯楽・交際費				
交通費				
車関係費				
MEMO				

146

＿＿＿（金）		＿＿＿（土）		＿＿＿（日）

費目ごとの合計

食費

円

外食・中食

円

日用雑貨費 円

被服・美容費 円

娯楽・交際費 円

交通費 円

車関係費 円

円

円

円

円

円

円

円

今週の合計 ⓔ

円

これまでの合計 ⓐ＋ⓑ＋ⓒ＋ⓓ＋ⓔ

円

今月あと 🅴 −(ⓐ＋ⓑ＋ⓒ＋ⓓ＋ⓔ)

円

_____ **月のまとめ** （こうしてよかった！ こうすればよかった！）

....

....

....

収入 Ⓐ

給与	
臨時収入	
合計	円

特別支出 Ⓒ

小計	円

流動費 Ⓔ

食費	
外食・中食	
日用雑貨費	
被服・美容費	
娯楽・交際費	
交通費	
車関係費	
小計	円

決まって出るお金（固定費）Ⓑ

電気	
ガス	
水道	
ローン（家賃）	
通信費	
こづかい	
小計	円

預貯金 Ⓓ

預け先	金額
小計	円

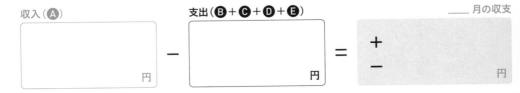

収入（Ⓐ）

□ 円

－

支出（Ⓑ＋Ⓒ＋Ⓓ＋Ⓔ）

□ 円

＝

_____ 月の収支

＋
－
円

月 MON	火 TUE	水 WED	木 THU	金 FRI	土 SAT	日 SUN

収入 Ⓐ

給与	
臨時収入	
合計	**円**

Ⓐ−(Ⓑ+Ⓒ+Ⓓ)
今月の予算(流動費)Ⓔ

= ____ 円

決まって出るお金(固定費)Ⓑ

電気	
ガス	
水道	
ローン(家賃)	
通信費	
こづかい	
小計	**円**

特別支出 Ⓒ

小計	**円**

預貯金 Ⓓ

預け先	金額
小計	**円**

point
車を購入する場合、新車なら100万円以上、その他維持費(自動車税など)には平均で年30〜40万円は必要です。 **149**

_____ 月	_____ （月）	_____ （火）	_____ （水）	_____ （木）
出費に かかわる予定				
食費				
外食・中食				
日用雑貨費				
被服・美容費				
娯楽・交際費				
交通費				
車関係費				
MEMO				

(金)	(土)	(日)

費目ごとの合計

食費	
	円

外食・中食	
	円

日用雑貨費	円
被服・美容費	円
娯楽・交際費	円
交通費	円
車関係費	円
	円
	円
	円
	円
	円
	円
	円

今週の合計 ⓐ	
	円

これまでの合計 ⓐ	
	円

今月あと **E** − ⓐ	
	円

_____ 月	_____ （月）		_____ （火）		_____ （水）		_____ （木）	
出費に かかわる予定								
食費								
外食・中食								
日用雑貨費								
被服・美容費								
娯楽・交際費								
交通費								
車関係費								
MEMO				

＿＿＿（金）	＿＿＿（土）	＿＿＿（日）

費目ごとの合計

食費

円

外食・中食

円

日用雑貨費　円

被服・美容費　円

娯楽・交際費　円

交通費　円

車関係費　円

円

円

円

円

円

円

今週の合計 ⓑ
円

これまでの合計 ⓐ＋ⓑ

円

今月あと Ⓔ−(ⓐ＋ⓑ)

円

_____ 月	_____ (月)	_____ (火)	_____ (水)	_____ (木)
出費に かかわる予定				
食費				
外食・中食				
日用雑貨費				
被服・美容費				
娯楽・交際費				
交通費				
車関係費				
MEMO				

＿＿＿＿（金）	＿＿＿＿（土）	＿＿＿＿（日）

費目ごとの合計

食費

＿＿＿＿＿＿＿＿＿＿＿ 円

外食・中食

＿＿＿＿＿＿＿＿＿＿＿ 円

日用雑貨費 ＿＿＿＿ 円

被服・美容費 ＿＿＿＿ 円

娯楽・交際費 ＿＿＿＿ 円

交通費 ＿＿＿＿ 円

車関係費 ＿＿＿＿ 円

＿＿＿＿＿＿＿＿＿＿＿ 円

＿＿＿＿＿＿＿＿＿＿＿ 円

＿＿＿＿＿＿＿＿＿＿＿ 円

＿＿＿＿＿＿＿＿＿＿＿ 円

＿＿＿＿＿＿＿＿＿＿＿ 円

＿＿＿＿＿＿＿＿＿＿＿ 円

＿＿＿＿＿＿＿＿＿＿＿ 円

今週の合計 ⓒ

＿＿＿＿＿＿＿＿＿＿＿ 円

これまでの合計 ⓐ＋ⓑ＋ⓒ

＿＿＿＿＿＿＿＿＿＿＿ 円

今月あと **E**－(ⓐ＋ⓑ＋ⓒ)

＿＿＿＿＿＿＿＿＿＿＿ 円

_____ 月	_____ （月）	_____ （火）	_____ （水）	_____ （木）
出費に かかわる予定				
食費				
外食・中食				
日用雑貨費				
被服・美容費				
娯楽・交際費				
交通費				
車関係費				
MEMO				

156

＿＿＿＿（金）	＿＿＿＿（土）	＿＿＿＿（日）

費目ごとの合計

食費

　　　　円

外食・中食

　　　　円

日用雑貨費　　円

被服・美容費　円

娯楽・交際費　円

交通費　　　　円

車関係費　　　円

　　　　円

　　　　円

　　　　円

　　　　円

　　　　円

　　　　円

　　　　円

今週の合計 ⓓ

　　　　円

これまでの合計 ⓐ＋ⓑ＋ⓒ＋ⓓ

　　　　円

今月あと Ｅ－(ⓐ＋ⓑ＋ⓒ＋ⓓ)

　　　　円

_____ 月	_____ （月）	_____ （火）	_____ （水）	_____ （木）
出費に かかわる予定				
食費				
外食・中食				
日用雑貨費				
被服・美容費				
娯楽・交際費				
交通費				
車関係費				
MEMO				

（金）	（土）	（日）

費目ごとの合計

食費

円

外食・中食

円

日用雑貨費　円

被服・美容費　円

娯楽・交際費　円

交通費　円

車関係費　円

円

円

円

円

円

円

円

今週の合計 ⓔ

円

これまでの合計 ⓐ＋ⓑ＋ⓒ＋ⓓ＋ⓔ

円

今月あと **E** −(ⓐ＋ⓑ＋ⓒ＋ⓓ＋ⓔ)

円

_____ **月のまとめ** （こうしてよかった！こうすればよかった！）

収入 Ⓐ

給与	
臨時収入	
合計	**円**

決まって出るお金（固定費）Ⓑ

電気	
ガス	
水道	
ローン（家賃）	
通信費	
こづかい	
小計	**円**

特別支出 Ⓒ

小計	**円**

預貯金 Ⓓ

預け先	金額
小計	**円**

流動費 Ⓔ

食費	
外食・中食	
日用雑貨費	
被服・美容費	
娯楽・交際費	
交通費	
車関係費	
小計	**円**

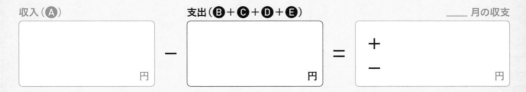

収入（Ⓐ）

〔　　　　円〕 － 支出（Ⓑ＋Ⓒ＋Ⓓ＋Ⓔ）〔　　　　円〕 ＝ ＿＿ 月の収支〔＋／－　　　　円〕

1年間の家計をふり返ろう

各月の毎月のまとめを転記して、年間の収支の内訳を比較できるようにしましょう。
前月との違いや収支がプラスになった月の記録を見て、やりくりをふり返るのもおすすめです。

	収入 Ⓐ	固定費 Ⓑ	特別支出 Ⓒ	預貯金 Ⓓ	流動費 Ⓔ	収支
＿月	円	円	円	円	円	＋ － 円
＿月	円	円	円	円	円	＋ － 円
＿月	円	円	円	円	円	＋ － 円
＿月	円	円	円	円	円	＋ － 円
＿月	円	円	円	円	円	＋ － 円
＿月	円	円	円	円	円	＋ － 円
＿月	円	円	円	円	円	＋ － 円
＿月	円	円	円	円	円	＋ － 円
＿月	円	円	円	円	円	＋ － 円
＿月	円	円	円	円	円	＋ － 円
＿月	円	円	円	円	円	＋ － 円
＿月	円	円	円	円	円	＋ － 円

MEMO

各月のまとめの
Ⓐ～Ⓔを
写すだけ！

年間収支一覧をグラフにしよう

P.161の数値をグラフ化しましょう。収入 Ⓐ は折れ線グラフに、出費 Ⓑ〜Ⓔ は棒グラフにします。一年を通じた家計の傾向が見えてくるので、来年の予算を立てるのに役立ちます。

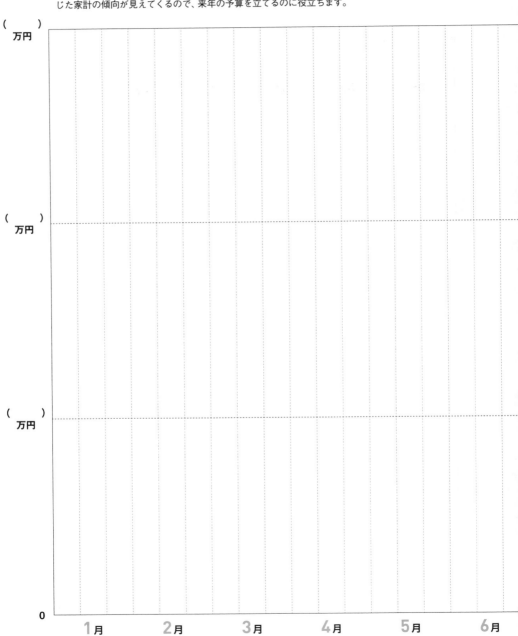

（　　）万円

（　　）万円

（　　）万円

0

1月　　2月　　3月　　4月　　5月　　6月

P.161の表の数値をもとに、収入🅐は月ごとの点と点を結び、
折れ線グラフにします。出費🅑〜🅔は、棒グラフにします。
年間の変化や、出費の中身のバランスもひと目でわかります。

表計算ソフトなどで
集計・グラフ化
してもいいね

7月　　8月　　9月　　10月　　11月　　12月

費目別に支出をチェックしよう

気になる費目や、収支に影響が大きかった費目などをピックアップして、折れ線グラフで年間の推移をチェック。変動の原因をこまかく探ってみましょう。

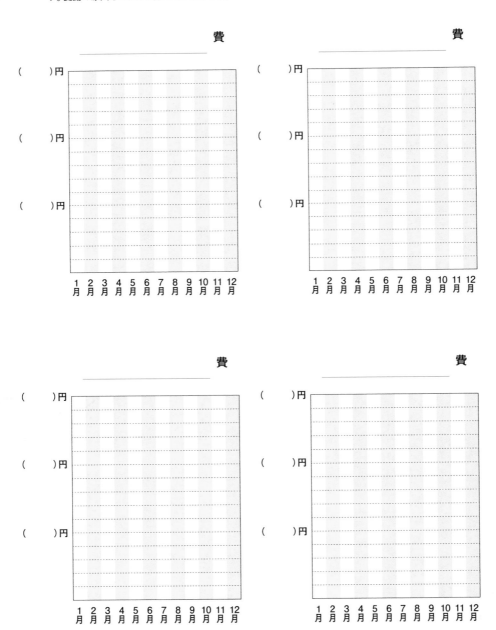

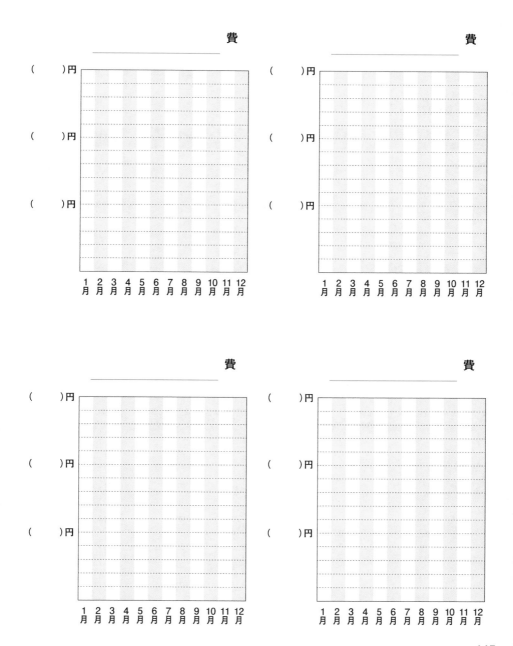

費

(　　)円

(　　)円

(　　)円

1月 2月 3月 4月 5月 6月 7月 8月 9月 10月 11月 12月

費

(　　)円

(　　)円

(　　)円

1月 2月 3月 4月 5月 6月 7月 8月 9月 10月 11月 12月

費

(　　)円

(　　)円

(　　)円

1月 2月 3月 4月 5月 6月 7月 8月 9月 10月 11月 12月

費

(　　)円

(　　)円

(　　)円

1月 2月 3月 4月 5月 6月 7月 8月 9月 10月 11月 12月

この1年間の預貯金は？

預貯金に関する記録はここに記入しましょう。貯蓄意欲をキープするためにも、1年に1回ではなく、年初や6月に1回、年末に1回など複数回確認するのがおすすめです。

1年間の預貯金

	万円

預貯金のひかえ

金融機関名（支店名）	種類	口座名義	口座番号	預入額	確認日
				円	
				円	
				円	
				円	
				円	
				円	

積み立て貯蓄のひかえ

金融機関名（支店名）	金融商品	名義	積み立て額	年初残高	年末残高
			円	円	円
			円	円	円
			円	円	円
			円	円	円
			円	円	円
			円	円	円

MEMO

「年末調整」と「確定申告」を知っておこう

その年度の所得税を確定するために行うのが年末調整や確定申告です。年末調整は会社が行いますが、
確定申告は自己申告。会社員でも税金が戻ってきたり、翌年度の税金が安くなることがあります。

年末調整で天引きされた所得税の精算をする

会社は、12月に1年間の給与を元に社員の税金を計算し直します。その際、各人の事情に応じ控除も行うことで税金の払いすぎや払いもれを正します。それが年末調整です。

年末調整前の課税所得	所得控除

> 社会保険料控除、妻や子どもがいるなら配偶者控除や扶養控除（条件を満たす場合）など

年末調整

・扶養家族が増えた
・生命保険に
　加入している

年末調整後の課税所得	本来の所得控除

● **年末調整の対象となる人**

1月1日〜12月31日まで1年間勤務している人や、年の途中入社で12月31日まで勤務している人。また、年末に在籍している契約社員、アルバイトも年末調整の対象になります。

**何を
どうする？**

会社に申告して手続き

会社から年末に配布される「保険料控除申告書」等に記入をして、申告をします。年末調整の結果は、通常12月の給与に反映され、結果は「源泉徴収票」で確認できます。

申告の結果は
源泉徴収票で確認

源泉徴収票は、会社が個々の申告に応じて税金の調整をし、その結果を本来の納税者である社員に知らせるもの。申告の内容と一致しているか、所得控除額と源泉徴収額は確認するようにしましょう。

● **この用紙で申告すること**

生命保険料控除
民間の生命保険料、介護保険料、個人年金保険料が控除の対象。

地震保険料控除
自宅用の火災保険に地震保険特約をつけた保険料が控除対象。

配偶者控除、配偶者特別控除
本人の所得が1000万円以下、配偶者が48万円以下なら配偶者控除、48万円超133万円以下は配偶者特別控除対象。

社会保険料控除
給与天引き以外の社会保険料、本人が支払っている家族の社会保険料分が控除対象に。

扶養控除
生計を本人と1つにし、所得が48万円以下の子どもや親、親族がいる場合に受けられます。

ひとり親控除、寡婦控除
本人の所得500万円以下で、夫と死別または離婚した人、生計を1つにする子を一人で育てている場合が対象。

小規模企業共済等掛金控除
給与天引き以外の企業型確定拠出年金、個人型確定拠出年金（iDeCo）、障害者扶養共済制度などの掛金が対象。

→ 確定申告で納めるべき税金が決まる

1年間の所得を申告して納付税額を確定する手続きが確定申告。会社員も、年末調整で対象とならない控除を受ける際は申告を行います。

確定申告が必要な人

- [ ] 給与が年間2000万円を超えている
- [ ] 2カ所以上から給与をもらっている
- [ ] 副業の所得が年間20万円以上ある
- [ ] 多額の遺産を相続した
- [ ] 贈与を受けた
- [ ] 不動産所得がある
- [ ] 兼業農家である　　　　　　　など

確定申告をするとお得なケース

- [ ] 自宅を住宅ローンで買った
- [ ] 自宅を省エネ、耐震、バリアフリーに改修した
- [ ] 退職して再就職しなかった
- [ ] 高額な医療費がかかった
- [ ] 災害や盗難の被害にあった
- [ ] 寄附をした　　　　　　　　　など

> ふるさと納税も「寄附」だよ

自分で申告書を作成し、提出

> 何をどうする？

国税庁のサイトから申告書をダウンロードしたり、サイトで入力して申告書を作成。税務署などの窓口または郵送やインターネットで提出します。

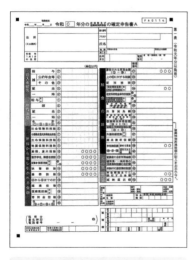

> P.168の
> 控除項目のほかに

●この用紙で申告すること

基礎控除

すべての納税者が受けられる控除。一律48万円控除されます。

雑損控除

住宅や家財に損害を受け、加入する保険から保険金をもらっても、なお損失があるときに受けられます。

医療費控除

本人と生計を1つにする家族の分を合計して医療費が1年で10万円以上なら、10万円を超える分が控除対象に。

寄附金控除

国や地方公共団体、公益社団法人など特定の団体への寄附や災害などの義援金が対象に。

申告の方法は青色と白色の2種類

青色申告には、特別控除を受けられるなど税制上の優遇があります。ただし、開業届けや青色申告承認申請といった事前の手続きや、きちんとした帳簿付けが必要になります。

> 年末調整をした人も確定申告をしたほうがいいことも

確定申告で医療費控除をしよう

医療費をたくさん払った年は確定申告で医療費控除をしましょう。ここには1年間（1月1日〜12月31日）の医療費を記入。医療費をまとめておくと、確定申告の手続きがラクになります。

医療費控除の対象になる？　ならない？

本人と家族の分を合計して1年で10万円以上の医療費がかかったら、10万円を超える分を所得から控除できます。ただし、医療費控除の対象となるもの、ならないものとがあるので注意して。10万円に満たない場合は、セルフメディケーション税制を活用することも考えましょう。

- 医療機関に支払った診療費、治療費、入院代
- 病気・けがの治療薬代（市販薬でもOK）
- 治療のための鍼灸・マッサージの費用
- 歯の治療費（保険診療外の治療もOK）
- 入院中、付添人の支払った費用と通院のための交通費
- 分娩費用、出産に伴う入院費用
- 通院や入院のための交通費、必要なタクシー代など

※細かい条件があるので、詳しくは提出先の税務署にお問い合わせください。

- 健康診断、人間ドック、予防注射の費用
- 予防のための健康食品、ビタミン剤などの費用
- 健康維持のためのマッサージ、スポーツクラブの費用
- 美容のための歯列矯正、歯垢除去の費用
- 入院中、親族に支払った付添料、医師や看護師への謝礼
- 入院の際、自ら希望して入った個室料、差額ベッド代
- 産前産後サービスの報酬や里帰り費用
- 通院時に使った自家用車のガソリン代・駐車場代など

セルフメディケーション税制って？

2021年まで（2026年まで延長）の医療費控除の特例制度。健康診断を受けたうえで「スイッチOTC医薬品*」など特定の市販薬を購入した場合、年間1万2000円を超える部分が所得控除として認められます。従来の医療費控除との併用はできません。

＊要指導医薬品および一般用医薬品のうち、医薬用から転用された医薬品。

OTC医薬品はP.173に記入！

給付金・保険金などの記録

これは医療費から差し引いて！

健康保険からの出産育児一時金や高額療養費などの給付や、生命保険や損害保険などからの入院給付があった場合は、医療費から差し引く必要があります。

日付	補てんされた項目	受け取った金額
／		円
／		円
／		円

日付	補てんされた項目	受け取った金額
／		円
／		円
／		円

医療費の記録

左で医療費控除の対象になるかどうかを確認のうえ、記入しましょう。通院時の交通費も
対象となるので忘れずに。医療機関や薬局の領収書なども念のため保管しておいてください。

日付	かかった人	続柄	病院・薬局	医療費	交通機関・交通費
／				円	円
／				円	円
／				円	円
／				円	円
／				円	円
／				円	円
／				円	円
／				円	円
／				円	円
／				円	円
／				円	円
／				円	円
／				円	円
／				円	円
／				円	円
／				円	円
／				円	円
／				円	円
／				円	円
／				円	円
／				円	円
／				円	円
支払った医療費・交通費の小計				円	円

日付	かかった人	続柄	病院・薬局	医療費	交通機関・交通費
／				円	円
／				円	円
／				円	円
／				円	円
／				円	円
／				円	円
／				円	円
／				円	円
／				円	円
／				円	円
／				円	円
／				円	円
／				円	円
／				円	円
／				円	円
／				円	円
／				円	円
／				円	円
／				円	円
／				円	円
／				円	円
／				円	円
／				円	円
支払った医療費・交通費の小計				円	円

1年間の医療費・交通費の合計	円

セルフメディケーション税制対象の医薬品の記録

「スイッチOTC医薬品」など特定の市販薬を購入した場合はここへ記入を。1年の合計が
1万2000円以内の場合は、医療費に加え、医療費控除で申告をしましょう。

日付	医薬品名	負担額
／		円
／		円
／		円
／		円
／		円
／		円
／		円
／		円
／		円
／		円
／		円
／		円
／		円
／		円
／		円
／		円
／		円
／		円
／		円
／		円
／		円
／		円

1年間の医薬品代の合計　1万2000円以内の場合は医療費へ。	円

その他のお金の出入りも整理しておこう

**お金を有意義に使いこなすには、保険や寄附金、児童手当、介護費用、投資など、
日々の家計管理では見過ごしがちなお金についても把握しておきましょう。**

→ 保険・寄附金の情報をまとめておこう

年齢や家族構成などによって見直しが必要な保険や、目的やあて先を管理しておきたい寄附金。身近に情報をまとめ、確認したいときにすぐできるようにしましょう。

保険のひかえ

保険会社	種類	期間	契約者	被保険者	証書番号	保険料	連絡先
						円	
						円	
						円	
						円	
						円	
						円	
						円	

寄附金*のひかえ

寄附先	目的	金額
		円
		円
		円
		円
		円
		円
		円

*特定の団体への寄附や「ふるさと納税」をした場合、寄附金控除の対象となります。「総所得金額等の40％」または「その年の寄附の合計額」のどちらか低いほうから2000円を引いた額が所得から控除されます。

→ 児童手当*の記録

児童手当は、毎月支払われるのではなく、2月、6月、10月にそれぞれ4カ月分が世帯主の口座に振り込まれます。

もらう人	年齢	2月 (10・11・12・1月分)	6月 (2・3・4・5月分)	10月 (6・7・8・9月分)
		円	円	円
		円	円	円
		円	円	円
		円	円	円

*中学生以下の子どもにもらえるお金。3歳未満の子ども1人に月額1万5000円、3歳以上小学校修了前は月額1万円(第3子以降は1万5000円)、中学生は月額1万円が2月、6月、10月に支給されます(所得制限あり)。受給するためには、毎年6月ごろに届く「現況届」を提出する必要があります。

→ 介護費用の記録

介護費用は、親のお金から出してもらうのが鉄則ですが、あらぬ疑いを持たれぬようきちんと記録を残しておきましょう。同世帯の親の医療費は、医療費控除の対象になります。

日付	内容	金額	メモ
/		円	
/		円	
/		円	
/		円	
/		円	
/		円	
/		円	
/		円	
/		円	
/		円	
/		円	

● 介護保険でカバーできない費用

介護保険は介護費用の負担を軽くするためのもの。施設、自宅の区別なく、右記の費用は自己負担となります。

- 日用雑貨費
- 食費(施設でも食事が提供されるが実費)
- 被服費 ● 家賃(施設でも家賃相当分は実費)
- 社会保険料 ● 税金

投資のひかえ

自分の投資記録を残してみましょう。自動積み立ての場合も、取得したタイミングで取得金額が異なるので、マメに記録するとよいでしょう。

取得 年月日	金融機関名	商品名	取得時の基準額 (株式は株価)	課税・非課税	取得口数 (株式は株数)
			円		口
			円		口
			円		口
			円		口
			円		口
			円		口
			円		口
			円		口
			円		口
			円		口
			円		口
			円		口
			円		口
			円		口

取得金額 （購入時手数料を 除く）	購入時手数料	分配金 （再投資・受取型）	分配金や 配当金の額	メモ
円	円	円	円	
円	円	円	円	
円	円	円	円	
円	円	円	円	
円	円	円	円	
円	円	円	円	
円	円	円	円	
円	円	円	円	
円	円	円	円	
円	円	円	円	
円	円	円	円	
円	円	円	円	
円	円	円	円	
円	円	円	円	
円	円	円	円	
円	円	円	円	

徹底比較で
満足できる買い物を

大きな買い物比較検討シート

車や家電、大型家具など大きな買い物をするときには比較検討して決めたいもの。
このシートを活用して後悔のないお金の使い方をしてください。

⇨ 大きな買い物はよく吟味して

自由に比較項目を作ることができるので、車なら燃費や年式、家電なら容量など、自分の気になるポイントの比較に役立ててください。

例 **品目（自動調理機）**

商品名	ホットクッキング	大東電鍋	
型番	1234-567	4320-001	
年式	2021年	2019年	
メーカー名	●●電器	●●電器	
価格（販売店）	¥65,000（直販店）	¥28,000（ネット）	
色	黒	緑	
容量	2.5リットル（4〜6人用）	1.8リットル	
機能	かき混ぜ機能付き	かき混ぜナシ	
洗うとき	全部洗える。食洗機OK	内鍋のみ洗える。食洗機OK	
評価	○ 5万円切ったら買いたい	△ 料理好きにはハマるらしい。	

品目（　　　　　　　　　　）

商品名			
型番			
年式			
メーカー名			
価格（販売店）			
色			
評価			

178

品目（　　　　　　　　　　　　　）

商品名				
型番				
年式				
メーカー名				
価格（販売店）				
色				
評価				

品目（　　　　　　　　　　　　　）

商品名				
型番				
年式				
メーカー名				
価格（販売店）				
色				
評価				

人付き合いのマナー

贈答記録を残そう

大人になればなるほど増える贈答シーン。記録を残しておくと、**過去の例を参考にできたり**、
重複を避けられたりとスムーズにやりとりできるようになります。

日付	贈り主	品目	メモ
/			
/			
/			
/			
/			
/			
/			
/			
/			
/			
/			
/			
/			
/			
/			

年間のお金の出入りを書き出そう

子どもの進学や家族旅行、記念日のプレゼントなど、次の1年間に計画している主なイベントと、
それにかかわるお金の出入りを書き出して、把握しておきましょう。

1月	・帰省交通費　　　　　円 ・お年玉　　　　　　　円	7月	
2月		8月	
3月		9月	
4月		10月	
5月		11月	
6月		12月	

稼ぐ

節約をしても目標金額を貯めるのが難しいなどの場合は、稼ぐお金を増やすことを考えましょう。フルタイムで働くのが難しいなら、アルバイトやパート、個人事業主として働くという手も。すでに職を持っている人は、キャリアアップや副業で収入を増やす策もあります。

金融資産以外の自分の"資産"を見直そう

自分が持っている、将来期待できる収入や貯蓄をする力＝「人的資本」をチェックし、人的資本を大きく長く維持する方法を考えましょう。

経歴
....

勤務先
....

資格など
....

性格・特技
....

少しでも収入アップ

収入アップが見込めない昨今、少しでも収入を増やすには、積極的な行動が必要でしょう。自分に合う方法を考えて実行してみましょう。

資格取得で、キャリアアップを目指す

資格取得は、仕事の幅を広げられたり、昇給や転職の際の有利な条件になりやすいこともあり、生涯賃金を増やす得策。資格取得の支援制度や給付金などを利用できる場合もあります。

- 中小企業診断士
- 行政書士
- 宅地建物取引士
- 介護福祉士
- 旅程管理主任者
- 衛生管理者
- 社会保険労務士
- ファイナンシャルプランナー
- 産業カウンセラー
- 介護事務管理士®

すき間時間でプチ副業

会社員の場合は、副業が禁止されていないか就業規則を確認しましょう。好きなこと、得意なことを生かして、本業に差し支えないよう時間の管理をしながら行うのが成功の秘訣。

- モニター
- アフィリエイト
- 家事代行
- 翻訳
- 家庭教師
- ユーチューバー
- webデザイナー、ライター
- フリマアプリ、ネットオークション
- 投資家
- ハンドメイドの販売

納める

税金は、社会で生きるために出し合う共益費。納めるべきものは納め、自分や家族のために少しでも多くお金を手元に残すことを目的に、税法が認める範囲内で税額を低く抑えようというのが節税です。控除によって課税所得を低くすることが基本となります。

⟶ 注目の節税方法をチェック

近年、メリットを得ながら大きい控除額で節税できる方法として「ふるさと納税」「個人型確定拠出年金（iDeCo）」が注目されています。

● ふるさと納税

地方自治体への寄附金のこと。寄附を行うと、お礼としてその地域の特産品などが送られてきます。さらに、寄附金額のうちの2000円を超える部分が、所得税・住民税から控除に。

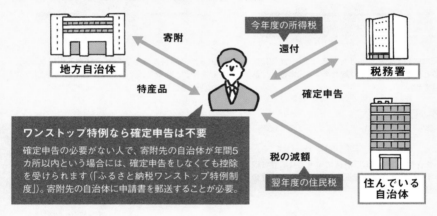

ワンストップ特例なら確定申告は不要

確定申告の必要がない人で、寄附先の自治体が年間5カ所以内という場合には、確定申告をしなくても控除を受けられます（「ふるさと納税ワンストップ特例制度」）。寄附先の自治体に申請書を郵送することが必要。

● 個人型確定拠出年金（iDeCo）

掛金の全額を所得控除でき、運用で増えたお金は非課税、受け取り時も控除の対象となるのがメリット。10年以上加入していることが条件で、60歳以降に受け取りを開始できますが、70歳までなら運用を続けることも可能です。

・利用できる人
　公的年金制度に加入する20歳以上60歳未満の人
・投資できる限度額
　個人事業主：月額6万8000円
　会社員：勤務先の企業年金制度により月額1万2000円〜2万3000円
　専業主婦（夫）：月額2万3000円
・利用できる金融商品
　預金、投資信託（運営管理機関によっては保険もあり）
・運営管理機関
　銀行、証券会社、保険会社など自分で選んだ金融機関
・運営管理の手数料
　自分で払う（毎月の掛け金から差し引く形で払う）

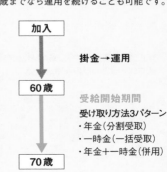

加入

掛金→運用

60歳

受給開始期間
受け取り方法3パターン
・年金（分割受取）
・一時金（一括受取）
・年金＋一時金（併用）

70歳

貯める

お金を貯めるには、銀行への預貯金のほかに、保険を使う方法もあります。保険料は一定額まで所得控除できるのがメリット。ただし保険の場合は、受取額が支払額を下回る「元本割れ」を起こす場合も。また、加入後に早期解約をしても元本割れするため注意が必要です。

⮊ 保険で貯める方法も

貯蓄代わりに使える保険は、主に4種類あります。保険料は割高になりますが、貯蓄に加えて万が一の保障を確保できるのがメリットです。

● 銀行預金との違い

銀行預金	保険

元本に預金金利を掛けた利息がつき、満期になると元本と利息を受け取れます。元本割れはありません。

払った保険料から保険会社の経費を引いた残りを運用。経費を超える利益が出ないと（上の水色の部分）加入者にとっては元本割れに。

● 貯める保険 4 つの特徴

個人年金保険

払った保険料をもとに、老後に年金として受け取ります。払い込み途中で死亡すると、死亡給付金が支払われます。

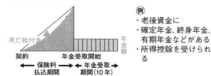

例
・老後資金に
・確定年金、終身年金、有期年金などがある
・所得控除を受けられる

終身保険

死亡保障が一生続くのが特徴。加入期間に応じた解約返戻金が受け取れます。解約返戻金は年金受け取りも可。

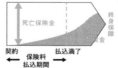

例
・老後資金や相続対策に
・保険料の支払いには、主に有期払込タイプと終身払込タイプがある
・低解約返戻金型終身保険も

養老保険

死亡時には死亡保険金、満期時に生存していれば、死亡保険金と同額の満期保険金を受け取れます。

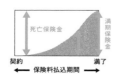

例
・死亡保障と貯蓄に
・保障＋貯蓄のため保険料が割高
・保険期間は10年、15年と比較的短期間

子ども保険

子どもの教育資金を積み立てるための保険。満期前に契約者（親）が死亡すると保険料の支払いが免除されます。

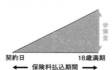

例
・親の死亡保障などを確保しながら教育費を準備
・契約者（親）や子の医療保障や保険料のないタイプ、親の死亡保障のみが付いたタイプなどもある

使　う

節約をしてお金を貯めるとしても、楽しみのための支出は必要です。ただし、その支出が本当に必要で、お金を払う価値があるかどうかを見極めることが大切。イマイチなら、別の方法や予算を検討しましょう。要は、自分が使えるお金の範囲でどうバランスをとるかです。

➡ 費目別　使い方見直しのポイント

お金は生活に必要なものの確保だけではなく、趣味や楽しみのためにも使うもの。ですが、貯蓄が計画どおりでないなどの場合は、その原因を探って工夫する必要があります。

住居費

手取り額の30％以上だとやりくりが厳しいでしょう。引っ越しの際は、家賃だけでなく、駐車場代や光熱費なども含めて検討するのも手。

子ども費

紙おむつなどサイズが違うと使いにくくなる消耗品の買いだめに注意。習い事は子どもの資質なども考え、本当に必要かどうか再考を。

食費

手取り額の30％を超えているなら、検討が必要。食品の購入はまとめ買いにして食材を使い切る、外食の回数を控えるなどの工夫を。

車関係費

頻繁に使っていなければ、保険の補償内容を見直したり、安い駐車場を探す、カーシェアを検討するなどで費用削減の工夫をしましょう。

被服費

衝動買いを防ぐためにも予算を決めてその中でやりくりを。スーツやコートなどの金額の張るものは、通常の生活費とは別予算にして。

娯楽・交際費

お楽しみの時間は大切ですが、無計画に使わないことが大切。予算を決めてその範囲内に収めるよう検討を。

水道・光熱費

電気料金の自由化で、同じ使用量でもプランによって安くなることも。省エネ性能の高い家電製品への買い替えも検討しましょう。

一般保険料

扶養する子どもがいないなら、大きな死亡保障は不要。保障が必要なら、割安な掛け捨て保険を検討してみても。

通信費

スマートフォン代は、自分や家族の使い方に合う料金プランかの検討を。無料通話アプリを活用、格安SIMへの乗り換えも一案です。

使途不明金の減らし方

現金払いは使途不明金が出やすいので、レシートをもらうか、支払い直後にスマホなどにメモしましょう。週あるいは月に1回など、定期的にお金の使い方を確認するのも大切です。

備える

病気やけが、失業、高齢になって働けなくなるなど……人生にはさまざまなリスクが。そういう場面の備えとして、日本には公的な保障制度があります。まずは、どんな保障を受けられるのかを知り、そのうえで、足りない部分をカバーする民間の保険や貯蓄を考えましょう。

社会保険を知っておこう

国民の病気やけが、失業、加齢などのさまざまなリスクを社会全体で支え合うための公的な保険制度。原則日本在住者は全員加入します。

医療保険

健康保険、国民健康保険、後期高齢者医療制度

病気・けがなどの治療を医療機関で受けた際に医療費をサポートする制度。加入者は原則3割負担（後期高齢者医療制度は原則1割負担）で済みます。自己負担分が高額の場合の軽減制度などもあります。

年金保険

老齢基礎年金、老齢厚生年金

年金は、老後や病気・けがで障害を負ったときなどに支え合うシステム。日本在住の20歳以上60歳未満の人は、全員国民年金保険に加入するのが義務。会社員や公務員は、厚生年金保険にも加入します。

労働保険

雇用保険、労災保険

会社員や公務員など、働く人たちの雇用や生活を守るための制度。労働者が勤務中や通勤途中のけがや病気で働けなくなったとき、失業や、育児や介護などで休業した際に給付されます。

介護保険

40歳以上の人が加入

介護が必要になった高齢者を社会全体で支えるための制度。40歳以上の人が加入します。加入者が原則65歳以上になり介護認定を受けると、さまざまな介護サービスを安価に利用できます。

シーン別 備える保険のいろいろ

社会保険による公的保障だけではカバーできない分は、民間の保険や金融機関の商品でカバーしておくと安心。主な例を紹介します。

老後

個人型確定拠出年金（iDeCo）やつみたてNISA、銀行の積立定期預金など、いくつかの方法で資金を積み立てていくのがおすすめ。会社員なら財形貯蓄も利用するといいでしょう。

病気やけが

民間の医療保険は、入院や手術を受けた際に給付金をもらえるのが基本的な仕組み。実際の医療費にかかわらず、契約した金額を現金で受け取れます。医療保険は掛け捨て型のものが主流です。

損害

家にかかわる保険は火災保険や地震保険。地震保険は通常火災保険とセットで加入します。車の場合は、自賠責保険の加入は義務。損害保険の特約で付加できる個人賠償責任保険というものもあります。

増やす

超低金利時代の昨今、銀行口座に預金をしても、大きく増やすことはできません。増やすことが目的の投資では、リスクはあるものの、大きく増やせる可能性はあります。投資も種類はさまざま。それぞれのリスクとリターンを考えたうえで投資と向き合うのも一案です。

投資を始める前に

投資とは、株式や債券、不動産などを購入し、それらの価値が高くなるのを目指すこと。リターンが大きい分、リスクも大きくなります。

● 投資で増えたお金には税金がかかる

増えた分は収入とみなされ、所得税・住民税などがかかります。利益がなければ税金はかかりません。利益の有無にかかわらず、取引には手数料がかかることも知っておきましょう。

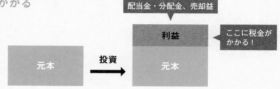

● 投資にはリスクが伴う

投資は、お金が増える可能性がある反面、減る可能性もあります。また投資の種類によってもリスクは異なります。

投資の種類とリスク

債券	国や地方公共団体、企業などが投資家からお金を借りるときに発行する有価証券。期間と金利が決まっていて、期間中に売買可。日本の債券は比較的低リスク。
投資信託	投資家から集めたお金を運用の専門家が株式や債券などに投資・運用。投資額に応じて、利益が還元されます。運用タイプによりリスクは異なります。
株式	証券取引所に上場された株式を時価で購入し、配当金や売却時の値上がり益を得ます。株式の値段（株価）は変動幅が大きいため、リスクも大きくなります。

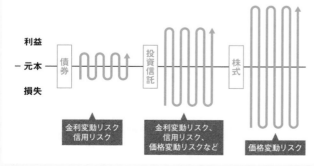

※値動きのブレ幅は過去データを基にしたイメージ。

リスクを減らすには？

① 複数の投資先に資金を分散する

株と債券、異なる業界の株など、値動きが異なる複数の投資先に分散させ、全体としてリスクを小さくします。

② 何度かに分けて購入する

値動きのあるものは、一度に買わずにタイミングをずらして分けて買うことで、購入価格を平均化し抑えます。

③ 長期に保有して取り組む

株などはいったん値下がりしても、状況により価格が上がる場合も。長いスパンで保有して様子を見ます。

MEMO

MEMO

MEMO

お金がもっとよくわかる
「超基本」シリーズ既刊紹介

節約・貯蓄・投資の前に
今さら聞けない
お金の超基本

身近なのに何も教わってこなかったお金について、一から学べる入門書。「稼ぐ」「納める」「貯める」「使う」「備える」「増やす」のテーマ別にお金について図解で徹底解説します。社会人デビュー前からセカンドライフ中の大人まで。どんな人にもフィットする構成です。

240ページ　A5判　¥1200＋税

株・投資信託・iDeCo・NISAがわかる
今さら聞けない
投資の超基本

日々の無駄遣いを投資に回す方法や投資用口座の開き方など、投資について右も左もわからない超初心者に向けて手取り足取り投資の基礎を解説します。投資は自分のお金儲けのためのもの、と思いがちですが、実は社会にとっても役に立つもの。充実した投資ライフのお供に。

192ページ　A5判　¥1200＋税

● 監修者

泉美智子（いずみ　みちこ）

子どもの経済教育研究室代表。ファイナンシャル・プランナー。京都大学経済研究所東京分室、公立鳥取環境大学経営学部を経て現職。消費者教育を中心に、全国各地で講演活動を行う。教育テレビ番組「豊かさのものさし」の制作にも携わり、テレビ、ラジオ出演も。環境、経済絵本、児童書の執筆多数。主な著書に『ジュニア新書調べてみようお金の動き』（岩波書店）、『15歳からの経済入門』（日本経済新聞出版）、『お金の超基本』（朝日新聞出版）、『12歳の少女が見つけたお金のしくみ』（宝島社）などがある。

STAFF

イラスト／藤田翔

表紙デザイン／俵社（俵拓也）

本文デザイン／加藤美保子

校正／木串かつこ

編集／上原千穂(朝日新聞出版　生活・文化編集部)

『お金の超基本』実践編
お金管理ノート

2021年11月30日　第1刷発行

監修	泉美智子
編著	朝日新聞出版
発行人	橋田真琴
発行所	朝日新聞出版
	〒104-8011
	東京都中央区築地5-3-2
	電話　　(03)5541-8996(編集)
	(03)5540-7793(販売)
印刷所	図書印刷株式会社

© 2021 Asahi Shimbun Publications Inc.
Published in Japan by Asahi Shimbun Publications Inc.
ISBN　978-4-02-334057-2